PRÉFACE

La collection de guides de conversation "Tout ira bien!", publié par T&P Books, est conçue pour les gens qui voyagent par affaire ou par plaisir. Les guides de conversations contiennent le plus important - l'essentiel pour la communication de base. Il s'agit d'une série indispensable de phrases pour survivre à l'étranger.

Ce guide de conversation vous aidera dans la plupart des cas où vous devez demander quelque chose, trouver une direction, découvrir le prix d'un souvenir, etc. Il peut aussi résoudre des situations de communication difficile lorsque la gesticulation n'aide pas.

Ce livre contient beaucoup de phrases qui ont été groupées par thèmes. Vous trouverez aussi un petit dictionnaire de plus de 1500 mots importants et utiles.

Emmenez avec vous un guide de conversation "Tout ira bien!" sur la route et vous aurez un compagnon de voyage irremplaçable qui vous aidera à vous sortir de toutes les situations et vous enseignera à ne pas avoir peur de parler aux étrangers.

TABLE DES MATIÈRES

T&P Books Publishing

Collection de guides de conversation
"Tout ira bien!"

T&P Books Publishing

GUIDE DE CONVERSATION
— ALLEMAND —

LES PHRASES LES PLUS UTILES

Ce guide de conversation
contient les phrases et
les questions les plus
communes et nécessaires
pour communiquer avec
des étrangers

Par Andrey Taranov

T&P BOOKS

Guide de conversation + dictionnaire de 1500 mots

Guide de conversation Français-Allemand et dictionnaire concis de 1500 mots

Par Andrey Taranov

La collection de guides de conversation "Tout ira bien!", publiée par T&P Books, est conçue pour les gens qui voyagent par affaire ou par plaisir. Les guides contiennent l'essentiel pour la communication de base. Il s'agit d'une série indispensable de phrases pour "survivre" à l'étranger.

Une autre section du livre contient un petit dictionnaire de plus de 1500 mots les plus utilisés. Le dictionnaire inclut beaucoup de termes gastronomiques et peut être utile lorsque vous faites le marché ou commandez des plats au restaurant.

T&P Books Publishing
www.tpbooks.com

ISBN: 978-1-78492-534-5

Ce livre existe également en format électronique.
Pour plus d'informations, veuillez consulter notre site: www.tpbooks.com
ou rendez-vous sur ceux des grandes librairies en ligne.

PRONONCIATION

Voyelles

[a]	**Blatt**	classe
[ɐ]	**Meister**	classe
[e]	**Melodie**	équipe
[ɛ]	**Herbst**	faire
[ə]	**Leuchte**	record
[ɔ]	**Knopf**	robinet
[o]	**Operette**	normal
[œ]	**Förster**	neuf
[ø]	**nötig**	peu profond
[æ]	**Los Angeles**	maire
[i]	**Spiel**	stylo
[ɪ]	**Absicht**	capital
[ʊ]	**Skulptur**	groupe
[u]	**Student**	boulevard
[y]	**Pyramide**	Portugal
[ʏ]	**Eukalyptus**	Portugal

Consonnes

[b]	**Bibel**	bureau
[d]	**Dorf**	document
[f]	**Elefant**	formule
[ʒ]	**Ingenieur**	jeunesse
[dʒ]	**Jeans**	adjoint
[j]	**Interview**	maillot
[g]	**August**	gris
[h]	**Haare**	[h] aspiré
[ç]	**glücklich**	human
[x]	**Kochtopf**	scots - nicht, allemand - Dach
[k]	**Kaiser**	bocal

Alphabet phonétique T&P	Exemple en allemand	Exemple en français
[l]	Verlag	vélo
[m]	Messer	minéral
[n]	Norden	ananas
[ŋ]	Onkel	parking
[p]	Gespräch	panama
[r]	Force majeure	racine, rouge
[ʁ]	Kirche	R vibrante
[R]	fragen	[r] vibrante
[s]	Fenster	syndicat
[t]	Foto	tennis
[ts]	Gesetz	gratte-ciel
[ʃ]	Anschlag	chariot
[ʧ]	Deutsche	match
[w]	Sweater	iguane
[v]	Antwort	rivière
[z]	langsam	gazeuse

Diphtongues

[aɪ]	Speicher	mosaïque
[ɪa]	Miniatur	caviar
[ɪo]	Radio	pavillon
[jo]	Illustration	pavillon
[ɔɪ]	feucht	coyote
[ɪe]	Karriere	conseiller

Symboles additionnels

[']	['aːbɐ]	accent primaire
[ˌ]	['dɛŋkˌmaːl]	accent secondaire
[ʔ]	[oˈliːvənˌʔøːl]	coup de glotte
[ː]	['myːlə]	indique la longueur de la voyelle
[·]	['ʀaɪzə·byˌʀoː]	point médian

LISTE DES ABRÉVIATIONS

Abréviations en français

adj	-	adjective
adv	-	adverbe
anim.	-	animé
conj	-	conjonction
dénombr.	-	dénombrable
etc.	-	et cetera
f	-	nom féminin
f pl	-	féminin pluriel
fam.	-	familiar
fem.	-	féminin
form.	-	formal
inanim.	-	inanimé
indénombr.	-	indénombrable
m	-	nom masculin
m pl	-	masculin pluriel
m, f	-	masculin, féminin
masc.	-	masculin
math	-	mathematics
mil.	-	militaire
pl	-	pluriel
prep	-	préposition
pron	-	pronom
qch	-	quelque chose
qn	-	quelqu'un
sing.	-	singulier
v aux	-	verbe auxiliaire
v imp	-	verbe impersonnel
vi	-	verbe intransitif
vi, vt	-	verbe intransitif, transitif
vp	-	verbe pronominal
vt	-	verbe transitif

Abréviations en allemand

f	-	nom féminin
f pl	-	féminin pluriel

f, n	-	féminin, neutre
m	-	nom masculin
m pl	-	masculin pluriel
m, f	-	masculin, féminin
m, n	-	masculin, neutre
n	-	neutre
n pl	-	neutre pluriel
pl	-	pluriel
v mod	-	verbe modal
vi	-	verbe intransitif
vi, vt	-	verbe intransitif, transitif
vt	-	verbe transitif

GUIDE DE CONVERSATION ALLEMAND

Cette section contient
des phrases importantes
qui peuvent être utiles dans
des situations courantes.
Le guide vous aidera
à demander des directions,
clarifier le prix, acheter
des billets et commander
des plats au restaurant

T&P Books Publishing

CONTENU DU GUIDE DE CONVERSATION

T&P Books Publishing

Excusez-moi, ...	**Entschuldigen Sie bitte, ...** [ɛntˈʃʊldɪgən ziː ˈbɪtə, ...]
Bonjour	**Hallo.** [haˈloː]
Merci	**Danke.** [ˈdaŋkə]
Au revoir	**Auf Wiedersehen.** [aʊf ˈviːdeˌzeːən]
Oui	**Ja.** [jaː]
Non	**Nein.** [naɪn]
Je ne sais pas.	**Ich weiß nicht.** [ɪç vaɪs nɪçt]
Où? (~ es-tu?) | Où? (~ vas-tu?) | Quand?	**Wo? | Wohin? | Wann?** [voː? | voˈhɪn? | van?]
J'ai besoin de ...	**Ich brauche ...** [ɪç ˈbʀaʊxə ...]
Je veux ...	**Ich möchte ...** [ɪç ˈmœçtə ...]
Avez-vous ... ?	**Haben Sie ...?** [ˈhaːbən ziː ...?]
Est-ce qu'il y a ... ici?	**Gibt es hier ...?** [giːpt ɛs ˈhiːɐ ...?]
Puis-je ... ?	**Kann ich ...?** [kan ɪç ...?]
s'il vous plaît (pour une demande)	**Bitte** [ˈbɪtə]
Je cherche ...	**Ich suche ...** [ɪç ˈzuːxə ...]
les toilettes	**Toilette** [toaˈlɛtə]
un distributeur	**Geldautomat** [ˈgɛltʔˈaʊtoˌmaːt]
une pharmacie	**Apotheke** [apoˈteːkə]
l'hôpital	**Krankenhaus** [ˈkʀaŋkənˌhaʊs]
le commissariat de police	**Polizeistation** [poliˈtsaɪˌʃtaˌtsjoːn]
une station de métro	**U-Bahn** [ˈuːbaːn]

un taxi	**Taxi** ['taksi]
la gare	**Bahnhof** ['baːnˌhoːf]

Je m'appelle …	**Ich heiße …** [ɪç 'haɪsə …]
Comment vous appelez-vous?	**Wie heißen Sie?** [viː 'haɪsən ziː?]
Aidez-moi, s'il vous plaît.	**Helfen Sie mir bitte.** ['hɛlfən ziː miːɐ 'bɪtə]
J'ai un problème.	**Ich habe ein Problem.** [ɪç 'haːbə aɪn pʀoˈbleːm]
Je ne me sens pas bien.	**Mir ist schlecht.** [miːɐ ɪs ʃlɛçt]
Appelez une ambulance!	**Rufen Sie einen Krankenwagen!** ['ʀuːfən ziː 'aɪnən 'kʀaŋkənˌvaːgən!]
Puis-je faire un appel?	**Darf ich telefonieren?** [daʀf ɪç telefoˈniːʀən?]

Excusez-moi.	**Entschuldigung.** [ɛntˈʃʊldɪgʊŋ]
Je vous en prie.	**Keine Ursache.** ['kaɪnə 'uːɐˌzaχə]

je, moi	**ich** [ɪç]
tu, toi	**du** [duː]
il	**er** [eːɐ]
elle	**sie** [ziː]
ils	**sie** [ziː]
elles	**sie** [ziː]
nous	**wir** [viːɐ]
vous	**ihr** [iːɐ]
Vous	**Sie** [ziː]

ENTRÉE	**EINGANG** ['aɪnˌgaŋ]
SORTIE	**AUSGANG** ['aʊsˌgaŋ]
HORS SERVICE ǀ EN PANNE	**AUßER BETRIEB** [ˌaʊsɐ bəˈtʀiːp]
FERMÉ	**GESCHLOSSEN** [gəˈʃlɔsən]

OUVERT	**OFFEN** ['ɔfən]
POUR LES FEMMES	**FÜR DAMEN** [fyːɐ 'damən]
POUR LES HOMMES	**FÜR HERREN** [fyːɐ 'hɛʀən]

Questions

Où? (lieu)	**Wo?** [vo:?]
Où? (direction)	**Wohin?** [voˈhɪn?]
D'où?	**Woher?** [voˈheːɐ?]
Pourquoi?	**Warum?** [vaˈʀʊm?]
Pour quelle raison?	**Wozu?** [voˈtsu:?]
Quand?	**Wann?** [van?]

Combien de temps?	**Wie lange?** [vi: ˈlaŋə?]
À quelle heure?	**Um wie viel Uhr?** [ʊm vi: fi:l u:ɐ?]
C'est combien?	**Wie viel?** [vi: fi:l?]
Avez-vous … ?	**Haben Sie …?** [ˈha:bən zi: …?]
Où est …, s'il vous plaît?	**Wo befindet sich …?** [vo: bəˈfɪndət zɪç …?]

Quelle heure est-il?	**Wie spät ist es?** [vi: ʃpɛ:t ist ɛs?]
Puis-je faire un appel?	**Darf ich telefonieren?** [daʀf ɪç telefoˈni:ʀən?]
Qui est là?	**Wer ist da?** [ve:ɐ ist da:?]
Puis-je fumer ici?	**Darf ich hier rauchen?** [daʀf ɪç ˈhi:ɐ ˈʀaʊχən?]
Puis-je …?	**Darf ich …?** [daʀf ɪç …?]

Besoins

Je voudrais ...	**Ich hätte gerne ...** [ɪç 'hɛtə 'gɛʁnə ...]
Je ne veux pas ...	**Ich will nicht ...** [ɪç vɪl nɪçt ...]
J'ai soif.	**Ich habe Durst.** [ɪç 'haːbə dʊʁst]
Je veux dormir.	**Ich möchte schlafen.** [ɪç 'mœçtə 'ʃlaːfən]
Je veux ...	**Ich möchte ...** [ɪç 'mœçtə ...]
me laver	**abwaschen** [ap'vaʃən]
brosser mes dents	**meine Zähne putzen** ['maɪnə 'tsɛːnə 'pʊtsən]
me reposer un instant	**eine Weile ausruhen** ['aɪnə 'vaɪlə 'aʊsˌʁuːən]
changer de vêtements	**meine Kleidung wechseln** ['maɪnə 'klaɪdʊŋ 'vɛksəln]
retourner à l'hôtel	**zurück ins Hotel gehen** [tsu'ʁʏk ɪns ho'tɛl 'geːən]
acheter ...	**... kaufen** [... 'kaʊfən]
aller à ...	**... gehen** [... 'geːən]
visiter ...	**... besuchen** [... bə'zuːχən]
rencontrer ...	**... treffen** [... 'tʁɛfən]
faire un appel	**einen Anruf tätigen** ['aɪnən 'anˌʁuːf 'tɛːtɪgən]
Je suis fatigué /fatiguée/	**Ich bin müde.** [ɪç bɪn 'myːdə]
Nous sommes fatigués /fatiguées/	**Wir sind müde.** [viːɐ zɪnt 'myːdə]
J'ai froid.	**Mir ist kalt.** [miːɐ ɪs kalt]
J'ai chaud.	**Mir ist heiß.** [miːɐ ɪs haɪs]
Je suis bien.	**Mir passt es.** [miːɐ past ɛs]

Il me faut faire un appel.	**Ich muss telefonieren.** [ɪç mʊs telefoˈniːʀən]
J'ai besoin d'aller aux toilettes.	**Ich muss auf die Toilette.** [ɪç mʊs ˈaʊf di toaˈlɛtə]
Il faut que j'aille.	**Ich muss gehen.** [ɪç mʊs ˈgeːən]
Je dois partir maintenant.	**Ich muss jetzt gehen.** [ɪç mʊs jɛtst ˈgeːən]

Comment demander la direction

Excusez-moi, ...

Entschuldigen Sie bitte, ...
[ɛnt'ʃʊldɪgən zi: 'bɪtə, ...]

Où est ..., s'il vous plaît?

Wo befindet sich ...?
[vo: bə'fɪndət zɪç ...?]

Dans quelle direction est ... ?

Welcher Weg ist ...?
['vɛlçɐ ve:k ist ...?]

Pouvez-vous m'aider, s'il vous plaît ?

Könnten Sie mir bitte helfen?
['kœntən zi: mi:ɐ 'bɪtə 'hɛlfən?]

Je cherche ...

Ich suche ...
[ɪç 'zu:χə ...]

La sortie, s'il vous plaît?

Ich suche den Ausgang.
[ɪç 'zu:χə den 'aʊsˌgaŋ]

Je vais à ...

Ich fahre nach ...
[ɪç 'fa:ʁə na:χ ...]

C'est la bonne direction pour ...?

Gehe ich richtig nach ...?
['ge:ə ɪç 'ʁɪçtɪç na:χ ...?]

C'est loin?

Ist es weit?
[ist ɛs vaɪt?]

Est-ce que je peux y aller à pied?

Kann ich dort zu Fuß hingehen?
[kan ɪç dɔʁt tsu fu:s 'hɪnˌge:ən?]

Pouvez-vous me le montrer sur la carte?

Können Sie es mir auf der Karte zeigen?
['kœnən zi: ɛs mi:ɐ aʊf de:ɐ 'kaʁtə 'tsaɪgən?]

Montrez-moi où sommes-nous, s'il vous plaît.

Zeigen Sie mir wo wir gerade sind.
['tsaɪgən zi: mi:ɐ vo: vi:ɐ gə'ʁa:də zɪnt]

Ici

Hier
['hi:ɐ]

Là-bas

Dort
[dɔʁt]

Par ici

Hierher
['hi:ɐ'he:ɐ]

Tournez à droite.

Biegen Sie rechts ab.
['bi:gən zi: ʁɛçts ap]

Tournez à gauche.

Biegen Sie links ab.
['bi:gən zi: lɪŋks ap]

Prenez la première (deuxième, troisième) rue.

erste (zweite, dritte) Abzweigung
['ɛʁstə ('tsvaɪtə, 'dʁɪtə) 'apˌtsvaɪgʊŋ]

à droite

nach rechts
[na:χ ʁɛçts]

à gauche

nach links
[naːχ lɪŋks]

Continuez tout droit.

Laufen Sie geradeaus.
['laʊfən ziː gəʀaːdə'ʔaʊs]

Affiches, Pancartes

BIENVENUE!	**HERZLICH WILLKOMMEN!** ['hɛʁtslɪç vɪl'kɔmən!]
ENTRÉE	**EINGANG** ['aɪn‚gaŋ]
SORTIE	**AUSGANG** ['aʊs‚gaŋ]
POUSSEZ	**DRÜCKEN** ['dʀʏkən]
TIREZ	**ZIEHEN** ['tsiːən]
OUVERT	**OFFEN** ['ɔfən]
FERMÉ	**GESCHLOSSEN** [gə'ʃlɔsən]
POUR LES FEMMES	**FÜR DAMEN** [fyːɐ 'damən]
POUR LES HOMMES	**FÜR HERREN** [fyːɐ 'hɛʀən]
MESSIEURS	**HERREN-WC** ['hɛʀən-ve'tseː]
FEMMES	**DAMEN-WC** ['daːmən-ve'tseː]
RABAIS	SOLDES	**RABATT	REDUZIERT** [ʀa'bat	ʀedu'tsiːɐt]
PROMOTION	**AUSVERKAUF** ['aʊsfɛɐ‚kaʊf]
GRATUIT	**GRATIS** ['gʀaːtɪs]
NOUVEAU!	**NEU!** [nɔɪ!]
ATTENTION!	**ACHTUNG!** ['aχtʊŋ!]
COMPLET	**KEINE ZIMMER FREI** ['kaɪnə 'tsɪmə fʀaɪ]
RÉSERVÉ	**RESERVIERT** [ʀezɛʁ'viːɐt]
ADMINISTRATION	**VERWALTUNG** [fɛɐ'valtʊŋ]
PERSONNEL SEULEMENT	**NUR FÜR PERSONAL** [nuːɐ fyːɐ pɛʁzo'naːl]

ATTENTION AU CHIEN!	**BISSIGER HUND** ['bɪsɪɡɐ hʊnt]
NE PAS FUMER!	**RAUCHEN VERBOTEN** ['ʀaʊχən fɛɐ'boːtən]
NE PAS TOUCHER!	**NICHT ANFASSEN!** [nɪçt 'anfasən!]
DANGEREUX	**GEFÄHRLICH** [ɡə'fɛːɐlɪç]
DANGER	**GEFAHR** [ɡə'faːɐ]
HAUTE TENSION	**HOCHSPANNUNG** ['hoːχʃpanʊŋ]
BAIGNADE INTERDITE!	**BADEN VERBOTEN** ['baːdən fɛɐ'boːtən]

HORS SERVICE | EN PANNE	**AUßER BETRIEB** [‚aʊsɐ bə'tʀiːp]
INFLAMMABLE	**LEICHTENTZÜNDLICH** ['laɪçt?ɛn'tsʏntlɪç]
INTERDIT	**VERBOTEN** [fɛɐ'boːtən]
ENTRÉE INTERDITE!	**DURCHGANG VERBOTEN** ['dʊʁçˌɡaŋ fɛɐ'boːtən]
PEINTURE FRAÎCHE	**FRISCH GESTRICHEN** [fʀɪʃ ɡə'ʃtʀɪçən]

FERMÉ POUR TRAVAUX	**WEGEN RENOVIERUNG GESCHLOSSEN** ['veːɡən ʀeno'viːʀʊŋ ɡə'ʃlɔsən]
TRAVAUX EN COURS	**ACHTUNG BAUARBEITEN** ['aχtʊŋ 'baʊʔaʁˌbaɪtən]
DÉVIATION	**UMLEITUNG** ['ʊmˌlaɪtʊŋ]

Transport - Phrases générales

avion	**Flugzeug** ['flu:k͜tsɔɪk]
train	**Zug** [tsu:k]
bus, autobus	**Bus** [bʊs]
ferry	**Fähre** ['fɛ:ʀə]
taxi	**Taxi** ['taksi]
voiture	**Auto** ['aʊto]

horaire	**Zeitplan** ['tsaɪt͜pla:n]
Où puis-je voir l'horaire?	**Wo kann ich den Zeitplan sehen?** [vo: kan ɪç den 'tsaɪt͜pla:n 'ze:ən?]
jours ouvrables	**Arbeitstage** ['aʁbaɪts͜ta:gə]
jours non ouvrables	**Wochenenden** ['vɔχən͜ʔɛndən]
jours fériés	**Ferien** ['fe:ʀɪən]

DÉPART	**ABFLUG** ['apflu:k]
ARRIVÉE	**ANKUNFT** ['ankʊnft]
RETARDÉE	**VERSPÄTET** [fɛʁ'ʃpɛ:tət]
ANNULÉE	**GESTRICHEN** [gə'ʃtʀɪçən]

prochain	**nächster** ['nɛ:çstɐ]
premier	**erster** ['e:ɐstɐ]
dernier	**letzter** ['lɛtstɐ]

À quelle heure est le prochain ...?	**Wann kommt der nächste ...?** [van kɔmt de:ɐ 'nɛ:çstə ...?]
À quelle heure est le premier ...?	**Wann kommt der erste ...?** [van kɔmt de:ɐ 'ɛʁstə ...?]

À quelle heure est le dernier ...?

Wann kommt der letzte ...?
[van kɔmt deːɐ 'lɛtstə ...?]

correspondance

Transfer
[tʀansˈfeːɐ]

prendre la correspondance

einen Transfer machen
['aɪnən tʀansˈfeːɐ 'maxən]

Dois-je prendre la correspondance?

Muss ich einen Transfer machen?
[mʊs ɪç 'aɪnən tʀansˈfeːɐ 'maxən?]

Acheter un billet

Où puis-je acheter des billets?	**Wo kann ich Fahrkarten kaufen?** [vo: kan ɪç 'fa:ɐ̯ˌkaʁtən 'kaʊfən?]
billet	**Fahrkarte** ['fa:ɐ̯ˌkaʁtə]
acheter un billet	**Eine Fahrkarte kaufen** [aɪnə 'fa:ɐ̯ˌkaʁtə 'kaʊfən]
le prix d'un billet	**Fahrpreis** ['fa:ɐ̯ˌpʁaɪs]
Pour aller où?	**Wohin?** [vo'hɪn?]
Quelle destination?	**Welche Station?** ['vɛlçə ʃta'tsjo:n?]
Je voudrais ...	**Ich brauche ...** [ɪç 'bʁaʊxə ...]
un billet	**eine Fahrkarte** [aɪnə 'fa:ɐ̯ˌkaʁtə]
deux billets	**zwei Fahrkarten** [tsvaɪ 'fa:ɐ̯ˌkaʁtən]
trois billets	**drei Fahrkarten** [dʁaɪ 'fa:ɐ̯ˌkaʁtən]
aller simple	**in eine Richtung** [ɪn 'aɪnə 'ʁɪçtʊŋ]
aller-retour	**hin und zurück** [hɪn ʊnt tsu'ʁʏk]
première classe	**erste Klasse** ['ɛʁstə 'klasə]
classe économique	**zweite Klasse** ['tsvaɪtə 'klasə]
aujourd'hui	**heute** ['hɔɪtə]
demain	**morgen** ['mɔʁgən]
après-demain	**übermorgen** ['y:bɐˌmɔʁgən]
dans la matinée	**am Vormittag** [am 'fo:ɐ̯mɪta:k]
l'après-midi	**am Nachmittag** [am 'na:xmɪˌta:k]
dans la soirée	**am Abend** [am 'a:bənt]

siège côté couloir	**Gangplatz** ['gaŋˌplats]
siège côté fenêtre	**Fensterplatz** ['fɛnstɐˌplats]
C'est combien?	**Wie viel?** [vi: fi:l?]
Puis-je payer avec la carte?	**Kann ich mit Karte zahlen?** [kan ɪç mɪt 'kaʁtə 'tsa:lən?]

L'autobus

bus, autobus	**Bus** [bʊs]
autocar	**Fernbus** ['fɛʁnbʊs]
arrêt d'autobus	**Bushaltestelle** ['bʊshaltəˌʃtɛlə]
Où est l'arrêt d'autobus le plus proche?	**Wo ist die nächste Bushaltestelle?** [voː ist di 'nɛːçstə 'bʊshaltəˌʃtɛlə?]
numéro	**Nummer** ['nʊmɐ]
Quel bus dois-je prendre pour aller à …?	**Welchen Bus nehme ich um nach … zu kommen?** ['vɛlçən bʊs 'neːmə ɪç ʊm naːχ … tsu 'kɔmən?]
Est-ce que ce bus va à …?	**Fährt dieser Bus nach …?** [fɛːɐt 'diːzɐ bʊs naːχ …?]
L'autobus passe tous les combien?	**Wie oft fahren die Busse?** [viː ɔft 'faːʁən di 'bʊsə?]
chaque quart d'heure	**alle fünfzehn Minuten** [alə 'fʏnftseːn miˈnuːtən]
chaque demi-heure	**jede halbe Stunde** ['jeːdə 'halbə 'ʃtʊndə]
chaque heure	**jede Stunde** ['jeːdə 'ʃtʊndə]
plusieurs fois par jour	**mehrmals täglich** ['meːɐmaːls 'tɛːklɪç]
… fois par jour	**… Mal am Tag** [… mal am taːk]
horaire	**Zeitplan** ['tsaɪtˌplaːn]
Où puis-je voir l'horaire?	**Wo kann ich den Zeitplan sehen?** [voː kan ɪç den 'tsaɪtˌplaːn 'zeːən?]
À quelle heure passe le prochain bus?	**Wann kommt der nächste Bus?** [van kɔmt deːɐ 'nɛːçstə bʊs?]
À quelle heure passe le premier bus?	**Wann kommt der erste Bus?** [van kɔmt deːɐ 'ɛʁstə bʊs?]
À quelle heure passe le dernier bus?	**Wann kommt der letzte Bus?** [van kɔmt deːɐ 'lɛtstə bʊs?]

arrêt	**Halt** [halt]
prochain arrêt	**nächster Halt** ['nɛ:çstɐ halt]
terminus	**letzter Halt** ['lɛtstɐ halt]
Pouvez-vous arrêter ici, s'il vous plaît.	**Halten Sie hier bitte an.** [haltən zi: 'hi:ɐ 'bɪtə an]
Excusez-moi, c'est mon arrêt.	**Entschuldigen Sie mich, dies ist meine Haltestelle.** [ɛnt'ʃʊldɪgən zi: mɪç, di:s ist maɪnə 'haltəʃtɛlə]

Train

train	**Zug** [tsu:k]
train de banlieue	**S-Bahn** ['ɛsˌba:n]
train de grande ligne	**Fernzug** ['fɛʁnˌtsu:k]
la gare	**Bahnhof** ['ba:nˌho:f]
Excusez-moi, où est la sortie vers les quais?	**Entschuldigen Sie bitte,** **wo ist der Ausgang zum Bahngleis?** [ɛntˈʃʊldɪgən zi: ˈbɪtə, vo: ist deːɐ ˈaʊsgaŋ tsʊm ˈbaːnˌglaɪs?]

Est-ce que ce train va à ...?	**Fährt dieser Zug nach ...?** [fɛːɐt ˈdiːzə tsuːk naːχ ...?]
le prochain train	**nächster Zug** ['nɛːçstə tsuːk]
À quelle heure est le prochain train?	**Wann kommt der nächste Zug?** [van kɔmt deːɐ 'nɛːçstə tsuːk?]
Où puis-je voir l'horaire?	**Wo kann ich den Zeitplan sehen?** [vo: kan ɪç den 'tsaɪtˌplaːn 'zeːən?]
De quel quai?	**Von welchem Bahngleis?** [fɔn 'vɛlçəm 'baːnˌglaɪs?]
À quelle heure arrive le train à ...?	**Wann kommt der Zug in ... an?** [van kɔmt deːɐ tsuːk ɪn ... an?]

Pouvez-vous m'aider, s'il vous plaît?	**Helfen Sie mir bitte.** ['hɛlfən zi: miːɐ 'bɪtə]
Je cherche ma place.	**Ich suche meinen Platz.** [ɪç 'zuːχə 'maɪnən plats]
Nous cherchons nos places.	**Wir suchen unsere Plätze.** [viːɐ 'zuːχən 'ʊnzərə 'plɛtsə]

Ma place est occupée.	**Unser Platz ist besetzt.** ['ʊnzə plats ist bə'zɛtst]
Nos places sont occupées.	**Unsere Plätze sind besetzt.** ['ʊnzərə 'plɛtsə zɪnt bə'zɛtst]
Excusez-moi, mais c'est ma place.	**Entschuldigen Sie,** **aber das ist mein Platz.** [ɛntˈʃʊldɪgən zi:, 'aːbə das ist maɪn plats]

Est-ce que cette place est libre?	**Ist der Platz frei?** [ist deːɐ plats fʀaɪ?]
Puis-je m'asseoir ici?	**Darf ich mich hier setzen?** [daʁf ɪç mɪç 'hiːɐ 'zɛtsən?]

Sur le train - Dialogue (Pas de billet)

Votre billet, s'il vous plaît.

Fahrkarte bitte.
['fa:ɐ̯ˌkaʁtə 'bɪtə]

Je n'ai pas de billet.

Ich habe keine Fahrkarte.
[ɪç 'ha:bə kaɪnə 'fa:ɐ̯ˌkaʁtə]

J'ai perdu mon billet.

Ich habe meine Fahrkarte verloren.
[ɪç 'ha:bə maɪnə 'fa:ɐ̯ˌkaʁtə fɛɐ̯'lo:ʁən]

J'ai oublié mon billet à la maison.

**Ich habe meine Fahrkarte
zuhause vergessen.**
[ɪç 'ha:bə maɪnə 'fa:ɐ̯ˌkaʁtə
tsu'haʊzə fɛɐ̯'gɛsən]

Vous pouvez m'acheter un billet.

**Sie können von mir
eine Fahrkarte kaufen.**
[zi: 'kœnən fɔn mi:ɐ̯
'aɪnə 'fa:ɐ̯ˌkaʁtə 'kaʊfən]

Vous devrez aussi payer une amende.

Sie werden auch eine Strafe zahlen.
[zi: 've:ɐdən aʊχ 'aɪnə 'ʃtʁa:fə 'tsa:lən]

D'accord.

Gut.
[gu:t]

Où allez-vous?

Wohin fahren Sie?
[vo'hɪn 'fa:ʁən zi:?]

Je vais à ...

Ich fahre nach ...
[ɪç 'fa:ʁə na:χ ...]

Combien? Je ne comprend pas.

Wie viel? Ich verstehe nicht.
[vi: fi:l? ɪç fɛɐ̯'ʃte:ə nɪçt]

Pouvez-vous l'écrire, s'il vous plaît.

Schreiben Sie es bitte auf.
['ʃʁaɪbən zi: ɛs 'bɪtə aʊf]

D'accord. Puis-je payer avec la carte?

Gut. Kann ich mit Karte zahlen?
[gu:t. kan ɪç mɪt 'kaʁtə 'tsa:lən?]

Oui, bien sûr.

Ja, das können Sie.
[ja:, das 'kœnən zi:]

Voici votre reçu.

Hier ist ihre Quittung.
['hi:ɐ̯ ist 'i:ʁə 'kvɪtʊŋ]

Désolé pour l'amende.

Tut mir leid wegen der Strafe.
[tu:t mi:ɐ̯ laɪt 've:gən de:ɐ̯ 'ʃtʁa:fə]

Ça va. C'est de ma faute.

**Das ist in Ordnung.
Es ist meine Schuld.**
[das is ɪn 'ɔʁdnʊŋ.
ɛs ist 'maɪnə ʃʊlt]

Bon voyage.

Genießen Sie Ihre Fahrt.
[gə'ni:sən zi: 'i:ʁə fa:ɐ̯t]

Taxi

taxi	**Taxi** ['taksi]
chauffeur de taxi	**Taxifahrer** ['taksi͵faːʀɐ]
prendre un taxi	**Ein Taxi nehmen** [aɪn 'taksi 'neːmən]
arrêt de taxi	**Taxistand** ['taksiʃtant]
Où puis-je trouver un taxi?	**Wo kann ich ein Taxi bekommen?** [voː kan ɪç aɪn 'taksi be'kɔmən?]
appeler un taxi	**Ein Taxi rufen** [aɪn 'taksi 'ʀuːfən]
Il me faut un taxi.	**Ich brauche ein Taxi.** [ɪç 'bʀaʊχə aɪn 'taksi]
maintenant	**Jetzt sofort.** [jɛtst zo'fɔʀt]
Quelle est votre adresse?	**Wie ist Ihre Adresse?** [vi ist 'iːʀə a'dʀɛsə?]
Mon adresse est …	**Meine Adresse ist …** ['maɪnə a'dʀɛsə ist …]
Votre destination?	**Ihr Ziel?** [iːɐ tsiːl?]
Excusez-moi, …	**Entschuldigen Sie bitte, …** [ɛnt'ʃʊldɪgən ziː 'bɪtə, …]
Vous êtes libre ?	**Sind Sie frei?** [zɪnt ziː fʀaɪ?]
Combien ça coûte pour aller à …?	**Was kostet die Fahrt nach …?** [vas 'kɔːstət di faːɐt naχ …?]
Vous savez où ça se trouve?	**Wissen Sie wo es ist?** ['vɪsən ziː voː ɛs 'ist?]
À l'aéroport, s'il vous plaît.	**Flughafen, bitte.** ['fluːk͵haːfən, 'bɪtə]
Arrêtez ici, s'il vous plaît.	**Halten Sie hier bitte an.** [haltən ziː 'hiːɐ 'bɪtə an]
Ce n'est pas ici.	**Das ist nicht hier.** [das is nɪçt 'hiːɐ]
C'est la mauvaise adresse.	**Das ist die falsche Adresse.** [das is diː 'falʃə a'dʀɛsə]
tournez à gauche	**nach links** [naːχ lɪŋks]
tournez à droite	**nach rechts** [naːχ ʀɛçts]

Combien je vous dois?

Was schulde ich Ihnen?
[vas 'ʃʊldə ɪç 'iːnən?]

J'aimerais avoir un reçu, s'il vous plaît.

**Ich würde gerne
ein Quittung haben, bitte.**
[ɪç 'vʏʁdə 'gɛʁnə
aɪn 'kvɪtʊŋ 'haːbən, 'bɪtə]

Gardez la monnaie.

Stimmt so.
[ʃtɪmt zoː]

Attendez-moi, s'il vous plaît …

Warten Sie auf mich bitte.
['vaʁtən ziː 'aʊf mɪç 'bɪtə]

cinq minutes

fünf Minuten
[fʏnf mi'nuːtən]

dix minutes

zehn Minuten
[tseːn mi'nuːtən]

quinze minutes

fünfzehn Minuten
['fʏnftseːn mi'nuːtən]

vingt minutes

zwanzig Minuten
['tsvantsɪç mi'nuːtən]

une demi-heure

eine halbe Stunde
['aɪnə 'halbə 'ʃtʊndə]

Hôtel

Bonjour.	**Guten Tag.** [ˌɡutən 'ta:k]
Je m'appelle ...	**Mein Name ist ...** [maɪn 'na:mə ist ...]
J'ai réservé une chambre.	**Ich habe eine Reservierung.** [ɪç 'ha:bɛ 'aɪnə ʀɛzɛʀ'vi:ʀʊŋ]
Je voudrais ...	**Ich brauche ...** [ɪç 'bʀaʊxə ...]
une chambre simple	**ein Einzelzimmer** [aɪn 'aɪntsəlˌtsɪmɛ]
une chambre double	**ein Doppelzimmer** [aɪn 'dɔpəlˌtsɪmɛ]
C'est combien?	**Wie viel kostet das?** [vi: fi:l 'kɔstət das?]
C'est un peu cher.	**Das ist ein bisschen teuer.** [das is aɪn 'bɪsçən 'tɔɪɐ]
Avez-vous autre chose?	**Haben Sie sonst noch etwas?** ['ha:bən zi: zɔnst nɔχ 'ɛtvas?]
Je vais la prendre.	**Ich nehme es.** [ɪç 'ne:mə ɛs]
Je vais payer comptant.	**Ich zahle bar.** [ɪç 'tsa:lə ba:ɐ]
J'ai un problème.	**Ich habe ein Problem.** [ɪç 'ha:bə aɪn pʀo'ble:m]
Mon ... est cassé.	**... ist kaputt.** [... ɪst ka'pʊt]
Mon ... ne fonctionne pas.	**... ist außer Betrieb.** [... ɪst 'aʊsə bə'tʀi:p]
télé	**Mein Fernseher** [maɪn 'fɛʀnˌze:ɐ]
air conditionné	**Meine Klimaanlage** [maɪnə 'kli:maˌʔanla:ɡə]
robinet	**Mein Wasserhahn** [maɪn 'vasɐˌha:n]
douche	**Meine Dusche** [maɪnə 'du:ʃə]
évier	**Mein Waschbecken** [maɪn 'vaʃˌbɛkən]
coffre-fort	**Mein Tresor** [maɪn tʀe'zo:ɐ]

serrure de porte	**Mein Türschloss** [maɪn 'tyːʃlɔs]
prise électrique	**Meine Steckdose** [maɪnə 'ʃtɛkˌdoːzə]
sèche-cheveux	**Mein Föhn** [maɪn føːn]

Je n'ai pas ...	**Ich habe kein ...** [ɪç 'haːbə kaɪn ...]
d'eau	**Wasser** ['vasɐ]
de lumière	**Licht** [lɪçt]
d'électricité	**Strom** [ʃtʀoːm]

Pouvez-vous me donner ...?	**Können Sie mir ... geben?** ['kœnən ziː miːɐ ... 'geːbən?]
une serviette	**ein Handtuch** [aɪn 'hantˌtuːx]
une couverture	**eine Decke** ['aɪnə 'dɛkə]
des pantoufles	**Hausschuhe** ['haʊsˌʃuːə]
une robe de chambre	**einen Bademantel** ['aɪnən 'baːdəˌmantəl]
du shampoing	**etwas Shampoo** ['ɛtvas 'ʃampu]
du savon	**etwas Seife** ['ɛtvas 'zaɪfə]

Je voudrais changer ma chambre.	**Ich möchte ein anderes Zimmer haben.** [ɪç 'mœçtə aɪn 'andəʀəs 'tsɪmɐ 'haːbən]
Je ne trouve pas ma clé.	**Ich kann meinen Schlüssel nicht finden.** [ɪç kan 'maɪnən 'ʃlʏsəl nɪçt 'fɪndən]
Pourriez-vous ouvrir ma chambre, s'il vous plaît?	**Machen Sie bitte meine Tür auf.** ['maxən ziː 'bɪtə 'maɪnə tyːɐ 'aʊf]
Qui est là?	**Wer ist da?** [veːɐ ist daː?]
Entrez!	**Kommen Sie rein!** ['kɔmən ziː ʀaɪn!]
Une minute!	**Einen Moment bitte!** ['aɪnən moˈmɛnt 'bɪtə!]

Pas maintenant, s'il vous plaît.	**Nicht jetzt bitte.** [nɪçt jɛtst 'bɪtə]
Pouvez-vous venir à ma chambre, s'il vous plaît.	**Kommen Sie bitte in mein Zimmer.** ['kɔmən ziː 'bɪtə ɪn maɪn 'tsɪmɐ]

J'aimerais avoir le service d'étage.	**Ich würde gerne Essen bestellen.** [ɪç 'vʏʁdə 'gɛʁnə 'ɛsən bə'ʃtɛlən]
Mon numéro de chambre est le …	**Meine Zimmernummer ist …** [maɪnə 'tsɪmɐˌnʊmə ist …]

Je pars …	**Ich reise … ab.** [ɪç 'ʁaɪzə … ap]
Nous partons …	**Wir reisen … ab.** [viːɐ 'ʁaɪzən … ap]
maintenant	**jetzt** [jɛtst]
cet après-midi	**diesen Nachmittag** ['diːzən 'naːxmɪˌtaːk]
ce soir	**heute Abend** ['hɔɪtə 'aːbənt]
demain	**morgen** ['mɔʁgən]
demain matin	**morgen früh** ['mɔʁgən fʁyː]
demain après-midi	**morgen Abend** ['mɔʁgən 'aːbənt]
après-demain	**übermorgen** ['yːbɐˌmɔʁgən]

Je voudrais régler mon compte.	**Ich möchte die Zimmerrechnung begleichen.** [ɪç 'mœçtə di 'tsɪmɐˌʁɛçnʊŋ bə'glaɪçən]
Tout était merveilleux.	**Alles war wunderbar.** ['aləs vaːɐ 'vʊndɐbaːɐ]
Où puis-je trouver un taxi?	**Wo kann ich ein Taxi bekommen?** [voː kan ɪç aɪn 'taksi be'kɔmən?]
Pourriez-vous m'appeler un taxi, s'il vous plaît?	**Würden Sie bitte ein Taxi für mich holen?** [vʏʁdən ziː 'bɪtə aɪn 'taksi fyːɐ mɪç 'hoːlən?]

Restaurant

Puis-je voir le menu, s'il vous plaît?	**Könnte ich die Speisekarte sehen bitte?**
	['kœntə ɪç di 'ʃpaɪzəˌkaʁtə 'zeːən 'bɪtə?]
Une table pour une personne.	**Tisch für einen.**
	[tɪʃ fyːʁ 'aɪnən]
Nous sommes deux (trois, quatre).	**Wir sind zu zweit (dritt, viert).**
	[viːə zɪnt tsu tsvaɪt (dʁɪt, fiːət)]

Fumeurs	**Raucher**
	['ʁaʊχɐ]
Non-fumeurs	**Nichtraucher**
	['nɪçtˌʁaʊχɐ]
S'il vous plaît!	**Entschuldigen Sie mich!**
	[ɛnt'ʃʊldɪgən ziː mɪç!]
menu	**Speisekarte**
	['ʃpaɪzəˌkaʁtə]
carte des vins	**Weinkarte**
	['vaɪnˌkaʁtə]
Le menu, s'il vous plaît.	**Die Speisekarte bitte.**
	[di 'ʃpaɪzəˌkaʁtə 'bɪtə]
Êtes-vous prêts à commander?	**Sind Sie bereit zum bestellen?**
	[zɪnt ziː bə'ʁaɪt tsʊm bə'ʃtɛlən?]
Qu'allez-vous prendre?	**Was würden Sie gerne haben?**
	[vas 'vyʁdən ziː 'gɛʁnə 'haːbən?]
Je vais prendre …	**Ich möchte …**
	[ɪç 'mœçtə …]

Je suis végétarien.	**Ich bin Vegetarier /Vegetarierin/.**
	[ɪç bɪn vege'taːʁɪɐ /vege'taːʁɪəʁɪn/]
viande	**Fleisch**
	[flaɪʃ]
poisson	**Fisch**
	[fɪʃ]
légumes	**Gemüse**
	[gə'myːzə]
Avez-vous des plats végétariens?	**Haben Sie vegetarisches Essen?**
	['haːbən ziː vege'taːʁɪʃəs 'ɛsən?]
Je ne mange pas de porc.	**Ich esse kein Schweinefleisch.**
	[ɪç 'ɛsə kaɪn 'ʃvaɪnəˌflaɪʃ]
Il /elle/ ne mange pas de viande.	**Er /Sie/ isst kein Fleisch.**
	[eːɐ /ziː/ ist kaɪn flaɪʃ]
Je suis allergique à …	**Ich bin allergisch auf …**
	[ɪç bɪn a'lɛʁgɪʃ aʊf …]

Pourriez-vous m'apporter …, s'il vous plaît.	**Könnten Sie mir bitte … bringen.** ['kœntən zi: mi:ɐ 'bɪtə … 'bʀɪŋən]
le sel | le poivre | du sucre	**Salz | Pfeffer | Zucker** [zalts | 'pfɛfɐ | 'tsʊkɐ]
un café | un thé | un dessert	**Kaffee | Tee | Nachtisch** ['kafe | te: | 'na:χˌtɪʃ]
de l'eau | gazeuse | plate	**Wasser | Sprudel | stilles** ['vasɐ | 'ʃpʀu:dəl | 'ʃtɪləs]
une cuillère | une fourchette | un couteau	**einen Löffel | eine Gabel | ein Messer** ['aɪnən 'lœfəl | 'aɪnə 'gabəl | aɪn 'mɛsɐ]
une assiette | une serviette	**einen Teller | eine Serviette** ['aɪnən 'tɛlɐ | 'aɪnə zɛʀ'vɪɛtə]

Bon appétit!	**Guten Appetit!** [ˌgutən ˌʔapə'tit!]
Un de plus, s'il vous plaît.	**Noch einen bitte.** [nɔχ 'aɪnən 'bɪtə]
C'était délicieux.	**Es war sehr lecker.** [ɛs va:ɐ ze:ɐ 'lɛkɐ]

l'addition | de la monnaie | le pourboire	**Scheck | Wechselgeld | Trinkgeld** [ʃɛk | 'vɛksəlˌgɛlt | 'tʀɪŋkˌgɛlt]
L'addition, s'il vous plaît.	**Zahlen bitte.** ['tsa:lən 'bɪtə]
Puis-je payer avec la carte?	**Kann ich mit Karte zahlen?** [kan ɪç mɪt 'kaʀtə 'tsa:lən?]
Excusez-moi, je crois qu'il y a une erreur ici.	**Entschuldigen Sie, hier ist ein Fehler.** [ɛnt'ʃʊldɪgən zi:, 'hi:ɐ ist aɪn 'fe:lɐ]

Shopping. Faire les Magasins

Est-ce que je peux vous aider?

Avez-vous ... ?

Je cherche ...

Il me faut ...

Kann ich Ihnen behilflich sein?
[kan ɪç 'iːnən bə'hɪlflɪç zaɪn?]

Haben Sie ...?
['haːbən ziː ...?]

Ich suche ...
[ɪç 'zuːχə ...]

Ich brauche ...
[ɪç 'bʀaʊχə ...]

Je regarde seulement, merci.

Nous regardons seulement, merci.

Je reviendrai plus tard.

On reviendra plus tard.

Rabais | Soldes

Ich möchte nur schauen.
[ɪç 'mœçtə nuːɐ 'ʃaʊən]

Wir möchten nur schauen.
[viːɐ 'mœçtən nuːɐ 'ʃaʊən]

Ich komme später noch einmal zurück.
[ɪç 'kɔmə 'ʃpɛːtɐ nɔχ 'aɪnmaːl tsu'ʀʏk]

Wir kommen später vorbei.
[viːɐ 'kɔmən 'ʃpɛːtɐ foːɐ'baɪ]

Rabatt | Ausverkauf
[ʀa'bat | 'aʊsfɛɐˌkaʊf]

Montrez-moi, s'il vous plaît ...

Donnez-moi, s'il vous plaît ...

Est-ce que je peux l'essayer?

Excusez-moi, où est la cabine d'essayage?

Quelle couleur aimeriez-vous?

taille | longueur

Est-ce que la taille convient ?

Combien ça coûte?

C'est trop cher.

Je vais le prendre.

Zeigen Sie mir bitte ...
['tsaɪgən ziː miːɐ 'bɪtə ...]

Geben Sie mir bitte ...
['geːbən ziː miːɐ 'bɪtə ...]

Kann ich es anprobieren?
[kan ɪç ɛs 'anpʀoˌbiːʀən?]

Entschuldigen Sie bitte, wo ist die Anprobe?
[ɛnt'ʃʊldɪgən ziː 'bɪtə, voː ist di 'anpʀoːbə?]

Welche Farbe mögen Sie?
['vɛlçə 'faʀbə 'møgən ziː?]

Größe | Länge
['gʀøːsə | 'lɛŋə]

Wie sitzt es?
[viː zɪtst ɛs?]

Was kostet das?
[vas 'koːstət das?]

Das ist zu teuer.
[das ist tsu 'tɔɪɐ]

Ich nehme es.
[ɪç 'neːmə ɛs]

Excusez-moi, où est la caisse?	**Entschuldigen Sie bitte, wo ist die Kasse?** [ɛntˈʃʊldɪgən zi: ˈbɪtə, vo: ist di ˈkasə?]
Payerez-vous comptant ou par carte de crédit?	**Zahlen Sie Bar oder mit Karte?** [ˈtsa:lən zi: ba:ɐ ˈo:dɐ mɪt ˈkaʁtə?]
Comptant | par carte de crédit	**in Bar | mit Karte** [ɪn ba:ɐ | mɪt ˈkaʁtə]

Voulez-vous un reçu?	**Brauchen Sie die Quittung?** [ˈbʀaʊχən zi: di ˈkvɪtʊŋ?]
Oui, s'il vous plaît.	**Ja, bitte.** [ja:, ˈbɪtə]
Non, ce n'est pas nécessaire.	**Nein, es ist ok.** [naɪn, ɛs ist oˈke:]
Merci. Bonne journée!	**Danke. Einen schönen Tag noch!** [ˈdaŋkə. ˈaɪnən ˈʃø:nən ˈtak nɔχ!]

En ville

Excusez-moi, …	**Entschuldigen Sie bitte, …** [ɛnt'ʃʊldɪɡən ziː 'bɪtə, …]
Je cherche …	**Ich suche …** [ɪç 'zuːχə …]
le métro	**die U-Bahn** [di 'uːbaːn]
mon hôtel	**mein Hotel** [maɪn hoˈtɛl]
le cinéma	**das Kino** [das 'kiːno]
un arrêt de taxi	**den Taxistand** [den 'taksiˌʃtant]
un distributeur	**einen Geldautomat** [aɪnən 'ɡɛltʔˈaʊtoˌmaːt]
un bureau de change	**eine Wechselstube** ['aɪnə 'vɛksəlˌʃtuːbə]
un café internet	**ein Internetcafé** [aɪn 'ɪntɛnɛtˈkaˌfeː]
la rue …	**die … -Straße** [di … 'ʃtraːsə]
cette place-ci	**diesen Ort** ['diːzən ɔʁt]
Savez-vous où se trouve …?	**Wissen Sie, wo … ist?** ['vɪsən ziː, voː … 'ist?]
Quelle est cette rue?	**Wie heißt diese Straße?** [viː haɪst 'diːzə 'ʃtraːsə?]
Montrez-moi où sommes-nous, s'il vous plaît.	**Zeigen Sie mir wo wir gerade sind.** ['tsaɪɡən ziː miːɐ voː viːɐ ɡəˈʁaːdə zɪnt]
Est-ce que je peux y aller à pied?	**Kann ich dort zu Fuß hingehen?** [kan ɪç dɔʁt tsu fuːs 'hɪnˌɡeːən?]
Avez-vous une carte de la ville?	**Haben Sie einen Stadtplan?** ['haːbən ziː 'aɪnən 'ʃtatˌplaːn?]
C'est combien pour un ticket?	**Was kostet eine Eintrittskarte?** [vas 'koːstət 'aɪnə 'aɪntʁɪtsˌkaʁtə?]
Est-ce que je peux faire des photos?	**Darf man hier fotografieren?** [daʁf man 'hiːɐ fotoɡʁaˈfiːʁən?]
Êtes-vous ouvert?	**Haben Sie offen?** [haːbən ziː 'ɔfən?]

À quelle heure ouvrez-vous?

Wann öffnen Sie?
[van 'œfnən zi:?]

À quelle heure fermez-vous?

Wann schließen Sie?
[van 'ʃli:sən zi:?]

L'argent

argent	**Geld** [gɛlt]
argent liquide	**Bargeld** ['baːɐ̯ˌgɛlt]
des billets	**Papiergeld** [pa'piːɐ̯ˌgɛlt]
petite monnaie	**Kleingeld** ['klaɪnˌgɛlt]
l'addition | de la monnaie | le pourboire	**Scheck | Wechselgeld | Trinkgeld** [ʃɛk | 'vɛksəlˌgɛlt | 'tʀɪŋkˌgɛlt]

carte de crédit	**Kreditkarte** [kʀeˈdiːtˌkaʁtə]
portefeuille	**Geldbeutel** ['gɛltˌbɔɪtəl]
acheter	**kaufen** ['kaʊfən]
payer	**zahlen** ['tsaːlən]
amende	**Strafe** ['ʃtʀaːfə]
gratuit	**kostenlos** ['kɔstənloːs]

Où puis-je acheter … ?	**Wo kann ich … kaufen?** [voː kan ɪç … 'kaʊfən?]
Est-ce que la banque est ouverte en ce moment?	**Ist die Bank jetzt offen?** [ist di baŋk jɛtst 'ɔfən?]
À quelle heure ouvre-t-elle?	**Wann öffnet sie?** [van 'œfnət ziː?]
À quelle heure ferme-t-elle?	**Wann schließt sie?** [van ʃliːst ziː?]

C'est combien?	**Wie viel?** [viː fiːl?]
Combien ça coûte?	**Was kostet das?** [vas 'koːstət das?]

C'est trop cher.	**Das ist zu teuer.** [das is tsu 'tɔɪɐ]
Excusez-moi, où est la caisse?	**Entschuldigen Sie bitte, wo ist die Kasse?** [ɛnt'ʃʊldɪgən ziː 'bɪtə, voː ist di 'kasə?]

L'addition, s'il vous plaît.	**Ich möchte zahlen.** [ɪç 'mœçtə 'tsa:lən]
Puis-je payer avec la carte?	**Kann ich mit Karte zahlen?** [kan ɪç mɪt 'kaʁtə 'tsa:lən?]
Est-ce qu'il y a un distributeur ici?	**Gibt es hier einen Geldautomat?** [gi:pt ɛs 'hi:ɐ 'aɪnən 'gɛlt?'aʊto͵ma:t?]
Je cherche un distributeur.	**Ich brauche einen Geldautomat.** [ɪç 'bʁaʊxə 'aɪnən 'gɛlt?'aʊto͵ma:t]

Je cherche un bureau de change.	**Ich suche eine Wechselstube.** [ɪç 'zu:xə 'aɪnə 'vɛksəlʃtu:bə]
Je voudrais changer ...	**Ich möchte ... wechseln.** [ɪç 'mœçtə ... 'vɛksəln]
Quel est le taux de change?	**Was ist der Wechselkurs?** [vas ɪst de:ɐ 'vɛksəl͵kuʁs]
Avez-vous besoin de mon passeport?	**Brauchen Sie meinen Reisepass?** ['bʁaʊxən zi: 'maɪnən 'ʁaɪzə͵pas?]

Le temps

Quelle heure est-il?	**Wie spät ist es?** [vi: ʃpɛ:t ist ɛs?]
Quand?	**Wann?** [van?]
À quelle heure?	**Um wie viel Uhr?** [ʊm vifi:l u:ɐ?]
maintenant | plus tard | après ...	**jetzt | später | nach ...** [jɛtst | 'ʃpɛ:tɐ | na:χ ...]

une heure	**ein Uhr** [aɪn u:ɐ]
une heure et quart	**Viertel zwei** ['fɪʁtəl tsvaɪ]
une heure et demie	**ein Uhr dreißig** [aɪn u:ɐ 'dʁaɪsɪç]
deux heures moins quart	**Viertel vor zwei** ['fɪʁtəl fo:ɐ tsvaɪ]

un | deux | trois	**eins | zwei | drei** [aɪns | tsvaɪ | dʁaɪ]
quatre | cinq | six	**vier | fünf | sechs** [fi:ɐ | fʏnf | zɛks]
sept | huit | neuf	**sieben | acht | neun** ['zi:bən | aχt | nɔɪn]
dix | onze | douze	**zehn | elf | zwölf** [tse:n | ɛlf | tsvœlf]

dans ...	**in ...** [ɪn ...]
cinq minutes	**fünf Minuten** [fʏnf mi'nu:tən]
dix minutes	**zehn Minuten** [tse:n mi'nu:tən]
quinze minutes	**fünfzehn Minuten** ['fʏnftse:n mi'nu:tən]
vingt minutes	**zwanzig Minuten** ['tsvantsɪç mi'nu:tən]
une demi-heure	**einer halben Stunde** ['aɪnɐ 'halbən 'ʃtʊndə]
une heure	**einer Stunde** ['aɪnɐ 'ʃtʊndə]

dans la matinée	**am Vormittag** [am 'foːɐmɪtaːk]
tôt le matin	**früh am Morgen** [fʀyː am 'mɔʁgən]
ce matin	**diesen Morgen** ['diːzən 'mɔʁgən]
demain matin	**morgen früh** ['mɔʁgən fʀyː]

à midi	**am Mittag** [am 'mɪtaːk]
dans l'après-midi	**am Nachmittag** [am 'naːχmɪtaːk]
dans la soirée	**am Abend** [am 'aːbənt]
ce soir	**heute Abend** ['hɔɪtə 'aːbənt]

la nuit	**in der Nacht** [ɪn deːɐ naχt]
hier	**gestern** ['gɛstən]
aujourd'hui	**heute** ['hɔɪtə]
demain	**morgen** ['mɔʁgən]
après-demain	**übermorgen** ['yːbɐˌmɔʁgən]

Quel jour sommes-nous aujourd'hui?	**Welcher Tag ist heute?** ['vɛlçɐ taːk ist 'hɔɪtə?]
Nous sommes ...	**Es ist ...** [ɛs ist ...]
lundi	**Montag** ['moːntaːk]
mardi	**Dienstag** ['diːnstaːk]
mercredi	**Mittwoch** ['mɪtvɔχ]

jeudi	**Donnerstag** ['dɔnɛstaːk]
vendredi	**Freitag** ['fʀaɪtaːk]
samedi	**Samstag** ['zamstaːk]
dimanche	**Sonntag** ['zɔntaːk]

Salutations - Introductions

Bonjour.

Hallo.
[ha'lo:]

Enchanté /Enchantée/

Freut mich, Sie kennen zu lernen.
[fʀɔɪt mɪç, zi: 'kɛnən tsu 'lɛʀnən]

Moi aussi.

Ganz meinerseits.
[gants 'maɪnɐˌzaɪts]

Je voudrais vous présenter ...

Darf ich vorstellen? Das ist ...
[daʀf ɪç 'fo:ɐˌʃtɛlən? das ɪs ...]

Ravi de vous rencontrer.

Sehr angenehm.
[ze:ɐ 'angəˌne:m]

Comment allez-vous?

Wie geht es Ihnen?
[vi: ge:t ɛs 'i:nən?]

Je m'appelle ...

Ich heiße ...
[ɪç 'haɪsə ...]

Il s'appelle ...

Er heißt ...
[e:ɐ haɪst ...]

Elle s'appelle ...

Sie heißt ...
[zi: haɪst ...]

Comment vous appelez-vous?

Wie heißen Sie?
[vi: 'haɪsən zi:?]

Quel est son nom? (m)

Wie heißt er?
[vi: haɪst e:ɐ?]

Quel est son nom? (f)

Wie heißt sie?
[vi: haɪst zi:?]

Quel est votre nom de famille?

Wie ist Ihr Nachname?
[vi: ist i:ɐ 'na:χˌna:mə?]

Vous pouvez m'appeler ...

Sie können mich ... nennen.
[zi: 'kœnən mɪç ... 'nɛnən]

D'où êtes-vous?

Woher kommen Sie?
[vo'he:ɐ 'kɔmən zi:?]

Je suis de ...

Ich komme aus ...
[ɪç 'kɔmə 'aʊs ...]

Qu'est-ce que vous faites dans la vie?

Was machen Sie beruflich?
[vas 'maχən zi: bə'ʀu:flɪç?]

Qui est-ce?

Wer ist das?
[ve:ɐ ist das?]

Qui est-il?

Wer ist er?
[ve:ɐ ist e:ɐ?]

Qui est-elle?

Wer ist sie?
[ve:ɐ ist zi:?]

Qui sont-ils?

Wer sind sie?
[ve:ɐ zɪnt zi:?]

C'est ...	**Das ist ...**
	[das is ...]
mon ami	**mein Freund**
	[maɪn fʀɔɪnt]
mon amie	**meine Freundin**
	['maɪnə 'fʀɔɪndin]
mon mari	**mein Mann**
	[maɪn man]
ma femme	**meine Frau**
	['maɪnə 'fʀaʊ]
mon père	**mein Vater**
	[maɪn 'faːtə]
ma mère	**meine Mutter**
	['maɪnə 'mʊtə]
mon frère	**mein Bruder**
	[maɪn 'bʀuːdə]
ma sœur	**meine Schwester**
	['maɪnə 'ʃvɛstə]
mon fils	**mein Sohn**
	[maɪn zoːn]
ma fille	**meine Tochter**
	['maɪnə 'tɔχtə]
C'est notre fils.	**Das ist unser Sohn.**
	[das is 'ʊnzə zoːn]
C'est notre fille.	**Das ist unsere Tochter.**
	[das is 'ʊnzəʀə 'tɔχtə]
Ce sont mes enfants.	**Das sind meine Kinder.**
	[das zɪnt 'maɪnə 'kɪndə]
Ce sont nos enfants.	**Das sind unsere Kinder.**
	[das zɪnt 'ʊnzəʀə 'kɪndə]

Les adieux

Au revoir!	**Auf Wiedersehen!** [aʊf ˈviːdɐˌzeːən!]
Salut!	**Tschüs!** [ʧyːs!]
À demain.	**Bis morgen.** [bɪs ˈmɔʁɡən]
À bientôt.	**Bis bald.** [bɪs balt]
On se revoit à sept heures.	**Bis um sieben.** [bɪs ʊm ziːbən]

Amusez-vous bien!	**Viel Spaß!** [fiːl ʃpaːs!]
On se voit plus tard.	**Wir sprechen später.** [viːɐ ˈʃpʁɛçən ˈʃpɛːtɐ]
Bonne fin de semaine.	**Ich wünsche Ihnen ein schönes Wochenende.** [ɪç ˈvʏnʃə ˈiːnən aɪn ˈʃøːnəs ˈvɔχənˌʔɛndə]
Bonne nuit.	**Gute Nacht.** [ˈɡuːtə naχt]

Il est l'heure que je parte.	**Es ist Zeit, dass ich gehe.** [ɛs ist tsaɪt, das ɪç ˈɡeːə]
Je dois m'en aller.	**Ich muss gehen.** [ɪç mʊs ˈɡeːən]
Je reviens tout de suite.	**Ich bin gleich wieder da.** [ɪç bɪn ɡlaɪç ˈviːdɐ da]

Il est tard.	**Es ist schon spät.** [ɛs ist ʃoːn ʃpɛːt]
Je dois me lever tôt.	**Ich muss früh aufstehen.** [ɪç mʊs fʁy: ˈaʊfˌʃteːən]
Je pars demain.	**Ich reise morgen ab.** [ɪç ˈʁaɪzə ˈmɔʁɡən ap]
Nous partons demain.	**Wir reisen morgen ab.** [viːɐ ˈʁaɪzən ˈmɔʁɡən ap]

Bon voyage!	**Ich wünsche Ihnen eine gute Reise!** [ɪç ˈvʏnʃə ˈiːnən ˈaɪnə ˈɡuːtə ˈʁaɪzə!]
Enchanté de faire votre connaissance.	**Hat mich gefreut, Sie kennen zu lernen.** [hat mɪç ɡəˈfʁɔɪt, zi: ˈkɛnən tsu ˈlɛʁnən]

Heureux /Heureuse/ d'avoir parlé avec vous.	**Hat mich gefreut mit Ihnen zu sprechen.** [hat mɪç gəˈfʁɔɪt mɪt ˈiːnən tsu ˈʃpʁɛçən]
Merci pour tout.	**Danke für alles.** [ˈdaŋkə fyːɐ ˈaləs]

Je me suis vraiment amusé /amusée/	**Ich hatte eine sehr gute Zeit.** [ɪç hatə ˈaɪnə zeːɐ ˈguːtə tsaɪt]
Nous nous sommes vraiment amusés /amusées/	**Wir hatten eine sehr gute Zeit.** [viːɐ ˈhatən ˈaɪnə zeːɐ ˈguːtə tsaɪt]
C'était vraiment plaisant.	**Es war wirklich toll.** [ɛs vaːɐ ˈvɪʁklɪç tɔl]
Vous allez me manquer.	**Ich werde Sie vermissen.** [ɪç ˈveːɐdə zi: fɛɐˈmɪsən]
Vous allez nous manquer.	**Wir werden Sie vermissen.** [viːɐ ˈveːɐdən zi: fɛɐˈmɪsən]

Bonne chance!	**Viel Glück!** [fiːl glʏk!]
Mes salutations à ...	**Grüßen Sie ...** [ˈgʁyːsən zi: ...]

Une langue étrangère

Je ne comprends pas.	**Ich verstehe nicht.** [ɪç fɛɐ'ʃteːə nɪçt]
Écrivez-le, s'il vous plaît.	**Schreiben Sie es bitte auf.** ['ʃʀaɪbən ziː ɛs 'bɪtə aʊf]
Parlez-vous ...?	**Sprechen Sie ...?** ['ʃpʀɛçən ziː ...?]

Je parle un peu ...	**Ich spreche ein bisschen ...** [ɪç 'ʃpʀɛçə aɪn 'bɪsçən ...]
anglais	**Englisch** ['ɛŋlɪʃ]
turc	**Türkisch** ['tʏʀkɪʃ]
arabe	**Arabisch** [a'ʀaːbɪʃ]
français	**Französisch** [fʀan'tsøːzɪʃ]

allemand	**Deutsch** [dɔɪʧ]
italien	**Italienisch** [ˌita'lɪeːnɪʃ]
espagnol	**Spanisch** ['ʃpaːnɪʃ]
portugais	**Portugiesisch** [pɔʀtu'giːzɪʃ]
chinois	**Chinesisch** [çi'neːzɪʃ]
japonais	**Japanisch** [ja'paːnɪʃ]

Pouvez-vous le répéter, s'il vous plaît.	**Können Sie das bitte wiederholen.** ['kœnən ziː das 'bɪtə viːdɐ'hoːlən]
Je comprends.	**Ich verstehe.** [ɪç fɛɐ'ʃteːə]
Je ne comprends pas.	**Ich verstehe nicht.** [ɪç fɛɐ'ʃteːə nɪçt]
Parlez plus lentement, s'il vous plaît.	**Sprechen Sie etwas langsamer.** ['ʃpʀɛçən ziː 'ɛtvas 'laŋˌzaːmɐ]

Est-ce que c'est correct?	**Ist das richtig?** [ist das 'ʀɪçtɪç?]
Qu'est-ce que c'est?	**Was ist das?** [vas ist das?]

Les excuses

Excusez-moi, s'il vous plaît.

Entschuldigen Sie bitte.
[ɛnt'ʃʊldɪgən zi: 'bɪtə]

Je suis désolé /désolée/

Es tut mir leid.
[ɛs tu:t mi:ɐ laɪt]

Je suis vraiment /désolée/

Es tut mir sehr leid.
[ɛs tu:t mi:ɐ ze:ɐ laɪt]

Désolé /Désolée/, c'est ma faute.

Es tut mir leid, das ist meine Schuld.
[ɛs tu:t mi:ɐ laɪt, das ist 'maɪnə ʃʊlt]

Au temps pour moi.

Das ist mein Fehler.
[das is maɪn 'fe:lɐ]

Puis-je ... ?

Darf ich ...?
[daʁf ɪç ...?]

Ça vous dérange si je ...?

**Haben Sie etwas dagegen,
wenn ich ...?**
[ha:bən zi: 'ɛtvas da'ge:gən,
vɛn ɪç ...?]

Ce n'est pas grave.

Es ist okay.
[ɛs ist o'ke:]

Ça va.

Alles in Ordnung.
['aləs ɪn 'ɔʁdnʊŋ]

Ne vous inquiétez pas.

Machen Sie sich keine Sorgen.
['maxən zi: zɪç 'kaɪnə 'zɔʁgən]

Les accords

Oui	**Ja.** [ja:]
Oui, bien sûr.	**Ja, natürlich.** [ja:, na'ty:elɪç]
Bien.	**Ok! Gut!** [o'ke:! gu:t!]
Très bien.	**Sehr gut.** [ze:ɐ gu:t]
Bien sûr!	**Natürlich!** [na'ty:elɪç!]
Je suis d'accord.	**Genau.** [ge'naʊ]
C'est correct.	**Das stimmt.** [das ʃtɪmt]
C'est exact.	**Das ist richtig.** [das is 'ʀɪçtɪç]
Vous avez raison.	**Sie haben Recht.** [zi: 'ha:bən ʀɛçt]
Je ne suis pas contre.	**Ich habe nichts dagegen.** [ɪç 'ha:bə nɪçts da'ge:gən]
Tout à fait correct.	**Völlig richtig.** ['fœlɪç 'ʀɪçtɪç]
C'est possible.	**Das kann sein.** [das kan zaɪn]
C'est une bonne idée.	**Das ist eine gute Idee.** [das is 'aɪnə 'gu:tə i'de:]
Je ne peux pas dire non.	**Ich kann es nicht ablehnen.** [ɪç kan ɛs nɪçt 'ap̩le:nən]
J'en serai ravi /ravie/	**Ich würde mich freuen.** [ɪç 'vʏʀdə mɪç 'fʀɔɪən]
Avec plaisir.	**Gerne.** ['gɛʀnə]

Refus, exprimer le doute

Non	**Nein.** [naɪn]
Absolument pas.	**Natürlich nicht.** [na'tyːɐlɪç nɪçt]
Je ne suis pas d'accord.	**Ich stimme nicht zu.** [ɪç 'ʃtɪmə nɪçt tsu]
Je ne le crois pas.	**Das glaube ich nicht.** [das 'glaʊbə ɪç nɪçt]
Ce n'est pas vrai.	**Das ist falsch.** [das is falʃ]
Vous avez tort.	**Sie liegen falsch.** [ziː 'liːɡən falʃ]
Je pense que vous avez tort.	**Ich glaube, Sie haben Unrecht.** [ɪç 'glaʊbə, ziː 'haːbən 'ʊnˌʀɛçt]
Je ne suis pas sûr /sûre/	**Ich bin nicht sicher.** [ɪç bɪn nɪçt 'zɪçɐ]
C'est impossible.	**Das ist unmöglich.** [das is 'ʊnmøːklɪç]
Pas du tout!	**Nichts dergleichen!** [nɪçts deːɐ'glaɪçən!]
Au contraire!	**Im Gegenteil!** [ɪm 'ɡeːɡəntaɪl!]
Je suis contre.	**Ich bin dagegen.** [ɪç bɪn da'ɡeːɡən]
Ça m'est égal.	**Es ist mir egal.** [ɛs ist miːɐ e'ɡaːl]
Je n'ai aucune idée.	**Keine Ahnung.** ['kaɪnə 'aːnʊŋ]
Je doute que cela soit ainsi.	**Ich bezweifle, dass es so ist.** [ɪç bə'tsvaɪflə, das ɛs zoː ist]
Désolé /Désolée/, je ne peux pas.	**Es tut mir leid, ich kann nicht.** [ɛs tuːt miːɐ laɪt, ɪç kan nɪçt]
Désolé /Désolée/, je ne veux pas.	**Es tut mir leid, ich möchte nicht.** [ɛs tuːt miːɐ laɪt, ɪç 'mœçtə nɪçt]
Merci, mais ça ne m'intéresse pas.	**Danke, das brauche ich nicht.** ['daŋkə, das 'bʀaʊxə ɪç nɪçt]
Il se fait tard.	**Es ist schon spät.** [ɛs ist ʃoːn ʃpɛːt]

Je dois me lever tôt.

Ich muss früh aufstehen.
[ɪç mʊs fʀy: 'aʊfˌʃteːən]

Je ne me sens pas bien.

Mir geht es schlecht.
[miːɐ geːt ɛs ʃlɛçt]

Exprimer la gratitude

Merci.	**Danke.** ['daŋkə]
Merci beaucoup.	**Dankeschön.** ['daŋkəʃøːn]
Je l'apprécie beaucoup.	**Ich bin Ihnen sehr verbunden.** [ɪç bɪn 'iːnən zeːɐ ˌfɛɐ'bʊndən]
Je vous suis très reconnaissant.	**Ich bin Ihnen sehr dankbar.** [ɪç bɪn 'iːnən zeːɐ 'daŋkbaːɐ]
Nous vous sommes très reconnaissant.	**Wir sind Ihnen sehr dankbar.** [viːɐ zɪnt 'iːnən zeːɐ 'daŋkbaːɐ]

Merci pour votre temps.	**Danke, dass Sie Ihre Zeit geopfert haben.** ['daŋkə, das ziː 'iːʀə tsaɪt gə'ʔɔpfɛt 'haːbən]
Merci pour tout.	**Danke für alles.** ['daŋkə fyːɐ 'aləs]
Merci pour …	**Danke für …** ['daŋkə fyːɐ …]
votre aide	**Ihre Hilfe** ['iːʀə 'hɪlfə]
les bons moments passés	**die schöne Zeit** [di 'ʃøːnə tsaɪt]

un repas merveilleux	**das wunderbare Essen** [das 'vʊndɐbaːʀə 'ɛsən]
cette agréable soirée	**den angenehmen Abend** [den 'angəˌneːmən 'aːbənt]
cette merveilleuse journée	**den wunderschönen Tag** [dɛn ˌvʊndɐ'ʃøːnən taːk]
une excursion extraordinaire	**die interessante Führung** [di ɪntəʀɛ'santə 'fyːʀʊŋ]

Il n'y a pas de quoi.	**Keine Ursache.** ['kaɪnə 'uːɐˌzaxə]
Vous êtes les bienvenus.	**Nichts zu danken.** [nɪçts tsu 'daŋkən]
Mon plaisir.	**Immer gerne.** ['ɪmɐ 'gɛʀnə]
J'ai été heureux /heureuse/ de vous aider.	**Es freut mich, geholfen zu haben.** [ɛs fʀɔɪt mɪç, gə'hɔlfən tsu 'haːbən]

Ça va. N'y pensez plus.

Vergessen Sie es.
[fɛɐ̯ˈɡɛsən ziː ɛs]

Ne vous inquiétez pas.

Machen Sie sich keine Sorgen.
[ˈmaχən ziː zɪç ˈkaɪnə ˈzɔʁɡən]

Félicitations. Vœux de fête

Félicitations! **Glückwunsch!**
['glʏkˌvʊnʃ!]

Joyeux anniversaire! **Alles gute zum Geburtstag!**
['aləs 'gu:tə tsʊm gə'bʊʁtsˌta:k!]

Joyeux Noël! **Frohe Weihnachten!**
[ˌfʁo:ə 'vaɪnaχtən!]

Bonne Année! **Frohes neues Jahr!**
[ˌfʁo:əs 'nɔɪəs ja:ɐ!]

Joyeuses Pâques! **Frohe Ostern!**
[ˌfʁo:ə 'o:stɐn!]

Joyeux Hanoukka! **Frohes Hanukkah!**
[ˌfʁo:əs 'ha:nuka:!]

Je voudrais proposer un toast. **Ich möchte einen Toast ausbringen.**
[ɪç 'mœçtə 'aɪnən to:st 'aʊsˌbʁɪŋən]

Santé! **Auf Ihr Wohl!**
[aʊf i:ɐ vo:l!]

Buvons à ...! **Trinken wir auf ...!**
['tʁɪŋkən vi:ɐ 'aʊf ...!]

À notre succès! **Auf unseren Erfolg!**
[aʊf 'ʊnzərən ɛɐ'fɔlk!]

À votre succès! **Auf Ihren Erfolg!**
[aʊf 'i:ʁən ɛɐ'fɔlk!]

Bonne chance! **Viel Glück!**
[fi:l glʏk!]

Bonne journée! **Einen schönen Tag noch!**
['aɪnən 'ʃø:nən ta:k nɔχ!]

Passez de bonnes vacances ! **Haben Sie einen guten Urlaub!**
[ha:bən zi: 'aɪnən 'gu:tən 'u:ɐˌlaʊp!]

Bon voyage! **Haben Sie eine sichere Reise!**
['ha:bən zi: 'aɪnə 'zɪçəʁə 'ʁaɪzə!]

Rétablissez-vous vite. **Ich hoffe es geht Ihnen bald besser!**
[ɪç 'hɔfə ɛs ge:t 'i:nən balt 'bɛsɐ!]

Socialiser

Pourquoi êtes-vous si triste?	**Warum sind Sie traurig?** [va'ʀʊm zɪnt zi: 'tʀaʊʀɪç?]
Souriez!	**Lächeln Sie!** ['lɛçəln zi:!]
Êtes-vous libre ce soir?	**Sind Sie heute Abend frei?** [zɪnt zi: 'hɔɪtə 'a:bənt fʀaɪ?]

Puis-je vous offrir un verre?	**Darf ich ihnen was zum Trinken anbieten?** [daʁf ɪç 'i:nən vas tsʊm 'tʀɪŋkən 'anˌbi:tən?]
Voulez-vous danser?	**Möchten Sie tanzen?** ['mœçtən zi: 'tantsən?]
Et si on va au cinéma?	**Gehen wir ins Kino.** ['ge:ən vi:ɐ ɪns 'ki:no]

Puis-je vous inviter ...	**Darf ich Sie ins ... einladen?** [daʁf ɪç zi: ɪns ... 'aɪnˌla:dən?]
au restaurant	**Restaurant** [ʀɛsto'ʀaŋ]
au cinéma	**Kino** ['ki:no]
au théâtre	**Theater** [te'a:tɐ]
pour une promenade	**auf einen Spaziergang** [aʊf 'aɪnən ʃpa'tsi:ɐˌgaŋ]

À quelle heure?	**Um wie viel Uhr?** [ʊm vifi:l u:ɐ?]
ce soir	**heute Abend** ['hɔɪtə 'a:bənt]
à six heures	**um sechs Uhr** [ʊm zɛks u:ɐ]
à sept heures	**um sieben Uhr** [ʊm 'zi:bən u:ɐ]
à huit heures	**um acht Uhr** [ʊm aχt u:ɐ]
à neuf heures	**um neun Uhr** [ʊm 'nɔɪn u:ɐ]

Est-ce que vous aimez cet endroit?	**Gefällt es Ihnen hier?** [gə'fɛlt ɛs 'i:nən 'hi:ɐ?]
Êtes-vous ici avec quelqu'un?	**Sind Sie hier mit jemandem?** [zɪnt zi: 'hi:ɐ mɪt 'je:mandəm?]

Je suis avec mon ami.	**Ich bin mit meinem Freund.** [ɪç bɪn mɪt 'maɪnəm fʀɔɪnt]
Je suis avec mes amis.	**Ich bin mit meinen Freunden.** [ɪç bɪn mɪt 'maɪnəm 'fʀɔɪndən]
Non, je suis seul /seule/	**Nein, ich bin alleine.** [naɪn, ɪç bɪn a'laɪnə]

As-tu un copain?	**Hast du einen Freund?** [hast du 'aɪnən fʀɔɪnt?]
J'ai un copain.	**Ich habe einen Freund.** [ɪç 'ha:bə 'aɪnən fʀɔɪnt]
As-tu une copine?	**Hast du eine Freundin?** [hast du 'aɪnə 'fʀɔɪndɪn?]
J'ai une copine.	**Ich habe eine Freundin.** [ɪç 'ha:bə 'aɪnə 'fʀɔɪndɪn]

Est-ce que je peux te revoir?	**Kann ich dich nochmals sehen?** [kan ɪç dɪç 'nɔxma:ls 'ze:ən?]
Est-ce que je peux t'appeler?	**Kann ich dich anrufen?** [kan ɪç dɪç 'an‚ʀu:fən?]
Appelle-moi.	**Ruf mich an.** [ʀu:f mɪç an]
Quel est ton numéro?	**Was ist deine Nummer?** [vas ɪst 'daɪnə 'nʊmɐ?]
Tu me manques.	**Ich vermisse dich.** [ɪç fɛɐ'mɪsə dɪç]

Vous avez un très beau nom.	**Sie haben einen schönen Namen.** [zi: 'ha:bən 'aɪnən 'ʃø:nən 'na:mən]
Je t'aime.	**Ich liebe dich.** [ɪç 'libə dɪç]
Veux-tu te marier avec moi?	**Willst du mich heiraten?** [vɪlst du mɪç 'haɪʀa:tən?]
Vous plaisantez!	**Sie machen Scherze!** [zi: 'maxən 'ʃɛʀtsə!]
Je plaisante.	**Ich habe nur gescherzt.** [ɪç 'ha:bə nu:ɐ gə'ʃɛʀtst]

Êtes-vous sérieux /sérieuse/?	**Ist das Ihr Ernst?** [ist das i:ɐ ɛʀnst?]
Je suis sérieux /sérieuse/	**Das ist mein Ernst.** [das is maɪn ɛʀnst]
Vraiment?!	**Echt?!** [ɛçt?!]
C'est incroyable!	**Das ist unglaublich!** [das is ʊn'glaʊplɪç!]
Je ne vous crois pas.	**Ich glaube Ihnen nicht.** [ɪç 'glaʊbə 'i:nən nɪçt]
Je ne peux pas.	**Ich kann nicht.** [ɪç kan nɪçt]
Je ne sais pas.	**Ich weiß nicht.** [ɪç vaɪs nɪçt]

Je ne vous comprends pas	**Ich verstehe Sie nicht.** [ɪç fɛɐ'ʃteːə ziː nɪçt]
Laissez-moi! Allez-vous-en!	**Bitte gehen Sie weg.** ['bɪtə 'geːən ziː vɛk]
Laissez-moi tranquille!	**Lassen Sie mich in Ruhe!** ['lasən ziː mɪç ɪn 'ʀuːə!]

Je ne le supporte pas.	**Ich kann ihn nicht ausstehen.** [ɪç kan iːn nɪçt 'aʊsˌʃteːən]
Vous êtes dégoûtant!	**Sie sind widerlich!** [ziː zɪnt 'viːdɐlɪç!]
Je vais appeler la police!	**Ich rufe die Polizei an!** [ɪç 'ʀuːfə diː ˌpoliˈtsaɪ an!]

Partager des impressions. Émotions

J'aime ça.

C'est gentil.

C'est super!

C'est assez bien.

Das gefällt mir.
[das gə'fɛlt miːɐ]

Sehr nett.
[zeːɐ nɛt]

Das ist toll!
[das is tɔl!]

Das ist nicht schlecht.
[das is nɪçt ʃlɛçt]

Je n'aime pas ça.

Ce n'est pas bien.

C'est mauvais.

Ce n'est pas bien du tout.

C'est dégoûtant.

Das gefällt mir nicht.
[das gə'fɛlt miːɐ nɪçt]

Das ist nicht gut.
[das is nɪçt guːt]

Das ist schlecht.
[das is ʃlɛçt]

Das ist sehr schlecht.
[das is zeːɐ ʃlɛçt]

Das ist widerlich.
[das is 'viːdɐlɪç]

Je suis content /contente/

Je suis heureux /heureuse/

Je suis amoureux /amoureuse/

Je suis calme.

Je m'ennuie.

Ich bin glücklich.
[ɪç bɪn 'glʏklɪç]

Ich bin zufrieden.
[ɪç bɪn tsu'fʁiːdən]

Ich bin verliebt.
[ɪç bɪn fɛɐ'liːpt]

Ich bin ruhig.
[ɪç bɪn 'ʁuːɪç]

Ich bin gelangweilt.
[ɪç bɪn gə'laŋˌvaɪlt]

Je suis fatigué /fatiguée/

Je suis triste.

J'ai peur.

Ich bin müde.
[ɪç bɪn 'myːdə]

Ich bin traurig.
[ɪç bɪn 'tʁaʊʁɪç]

Ich habe Angst.
[ɪç 'haːbə aŋst]

Je suis fâché /fâchée/

Je suis inquiet /inquiète/

Je suis nerveux /nerveuse/

Ich bin wütend.
[ɪç bɪn 'vyːtənt]

Ich mache mir Sorgen.
[ɪç 'maxə miːɐ 'zɔʁgən]

Ich bin nervös.
[ɪç bɪn nɛʁ'vøːs]

Je suis jaloux /jalouse/

Ich bin eifersüchtig.
[ɪç bɪn 'aɪfɐˌzʏçtɪç]

Je suis surpris /surprise/

Ich bin überrascht.
[ɪç bɪn yːbɐ'ʀaʃt]

Je suis gêné /gênée/

Es ist mir peinlich.
[ɛs ist miːɐ 'paɪnˌlɪç]

Problèmes. Accidents

J'ai un problème.
Ich habe ein Problem.
[ɪç 'ha:bə aɪn pʀo'ble:m]

Nous avons un problème.
Wir haben Probleme.
[vi:ɐ 'ha:bən pʀo'ble:mə]

Je suis perdu /perdue/
Ich bin verloren.
[ɪç bɪn fɛɐ'lo:ʀən]

J'ai manqué le dernier bus (train).
Ich habe den letzten Bus (Zug) verpasst.
[ɪç 'ha:bə den 'lɛtstən bʊs (tsu:k) fɛɐ'past]

Je n'ai plus d'argent.
Ich habe kein Geld mehr.
[ɪç 'ha:bə kaɪn gɛlt me:ɐ]

J'ai perdu mon ...
Ich habe mein ... verloren.
[ɪç 'ha:bə maɪn ... fɛɐ'lo:ʀən]

On m'a volé mon ...
Jemand hat mein ... gestohlen.
['je:mant hat maɪn ... gə'ʃto:lən]

passeport
Reisepass
['ʀaɪzə‚pas]

portefeuille
Geldbeutel
['gɛlt‚bɔɪtəl]

papiers
Papiere
[pa'pi:ʀə]

billet
Fahrkarte
['fa:ɐ‚kaʁtə]

argent
Geld
[gɛlt]

sac à main
Tasche
['taʃə]

appareil photo
Kamera
['kaməʀa]

portable
Laptop
['lɛptɔp]

ma tablette
Tabletcomputer
['tɛblət·kɔm‚pju:tɐ]

mobile
Handy
['hɛndi]

Au secours!
Hilfe!
['hɪlfə!]

Qu'est-il arrivé?
Was ist passiert?
[vas ɪst pa'si:ɐt?]

un incendie | **Feuer**
['fɔɪɐ]

des coups de feu | **Schießerei**
[ʃiːsə'ʀaɪ]

un meurtre | **Mord**
[mɔʁt]

une explosion | **Explosion**
[ɛksplo'zjoːn]

une bagarre | **Schlägerei**
[ʃlɛːgə'ʀaɪ]

Appelez la police! | **Rufen Sie die Polizei!**
['ʀuːfən ziː di ˌpoli'tsaɪ!]

Dépêchez-vous, s'il vous plaît! | **Schneller bitte!**
['ʃnɛlɐ 'bɪtə!]

Je cherche le commissariat de police. | **Ich suche nach einer Polizeistation.**
[ɪç 'zuːxə naːχ 'aɪnə poli'tsaɪʃtaˌtsjoːn]

Il me faut faire un appel. | **Ich muss einen Anruf tätigen.**
[ɪç mʊs 'aɪnən 'anˌʀuːf 'tɛːtɪgən]

Puis-je utiliser votre téléphone? | **Kann ich Ihr Telefon benutzen?**
[kan ɪç iːɐ tele'foːn bə'nʊtsən?]

J'ai été … | **Ich wurde …**
[ɪç 'vʀdə …]

agressé /agressée/ | **ausgeraubt**
['aʊsgəˌʀaʊpt]

volé /volée/ | **überfallen**
[ˌyːbɐ'falən]

violée | **vergewaltigt**
[fɛɐgə'valtɪçt]

attaqué /attaquée/ | **angegriffen**
['angəˌgʀɪfən]

Est-ce que ça va? | **Ist bei Ihnen alles in Ordnung?**
[ist baɪ 'iːnən 'aləs ɪn 'ɔʁdnʊŋ?]

Avez-vous vu qui c'était? | **Haben Sie gesehen wer es war?**
[haːbən ziː ge'zeːən veːɐ ɛs vaːɐ?]

Pourriez-vous reconnaître cette personne? | **Sind Sie in der Lage die Person wiederzuerkennen?**
[zɪnt ziː ɪn deːɐ laːgə di pɛʁ'zoːn 'viːdɐtsuɛɐˌkɛnən?]

Vous êtes sûr? | **Sind sie sicher?**
[zɪnt ziː 'zɪçɐ?]

Calmez-vous, s'il vous plaît. | **Beruhigen Sie sich bitte!**
[bə'ʀuːɪgən ziː zɪç 'bɪtə!]

Calmez-vous! | **Ruhig!**
['ʀuːɪç!]

Ne vous inquiétez pas. | **Machen Sie sich keine Sorgen.**
['maxən ziː zɪç 'kaɪnə 'zɔʁgən]

Tout ira bien. | **Alles wird gut.**
['aləs vɪʁt guːt]

Ça va. Tout va bien.	**Alles ist in Ordnung.** ['aləs ist ın 'ɔʁdnʊŋ]
Venez ici, s'il vous plaît.	**Kommen Sie bitte her.** ['kɔmən zi: 'bɪtə heːɐ]
J'ai des questions à vous poser.	**Ich habe einige Fragen für Sie.** [ɪç 'haːbə 'aɪnɪgə 'fʁaːgən fyːɐ ziː]
Attendez un moment, s'il vous plaît.	**Warten Sie einen Moment bitte.** ['vaʁtən 'aɪnən mɔ'mɛnt 'bɪtə]
Avez-vous une carte d'identité?	**Haben Sie einen Ausweis?** ['haːbən zi: 'aɪnən 'aʊsˌvaɪs?]
Merci. Vous pouvez partir maintenant.	**Danke. Sie können nun gehen.** ['daŋkə. zi: 'kœnən nu:n 'geːən]
Les mains derrière la tête!	**Hände hinter dem Kopf!** ['hɛndə 'hɪntɐ dem kɔpf!]
Vous êtes arrêté!	**Sie sind verhaftet!** [zi: zɪnt fɛɐ'haftət!]

Problèmes de santé

Aidez-moi, s'il vous plaît.	**Helfen Sie mir bitte.** ['hɛlfən zi: mi:ɐ 'bɪtə]
Je ne me sens pas bien.	**Mir ist schlecht.** [mi:ɐ ɪs ʃlɛçt]
Mon mari ne se sent pas bien.	**Meinem Ehemann ist schlecht.** ['maɪnəm 'e:əman ist ʃlɛçt]
Mon fils ...	**Mein Sohn ...** [maɪn zo:n ...]
Mon père ...	**Mein Vater ...** [maɪn 'fa:tɐ ...]
Ma femme ne se sent pas bien.	**Meine Frau fühlt sich nicht gut.** ['maɪnə 'fʀaʊ fy:lt zɪç nɪçt gu:t]
Ma fille ...	**Meine Tochter ...** ['maɪnə 'tɔχtɐ ...]
Ma mère ...	**Meine Mutter ...** ['maɪnə 'mʊtɐ ...]
J'ai mal ...	**Ich habe ... schmerzen.** [ɪç 'ha:bə ... 'ʃmɛʀtsən]
à la tête	**Kopf-** [kɔpf]
à la gorge	**Hals-** [hals]
à l'estomac	**Bauch-** ['baʊχ]
aux dents	**Zahn-** [tsa:n]
J'ai le vertige.	**Mir ist schwindelig.** [mi:ɐ ɪs 'ʃvɪndəlɪç]
Il a de la fièvre.	**Er hat Fieber.** [e:ɐ hat 'fi:bɐ]
Elle a de la fièvre.	**Sie hat Fieber.** [zi: hat 'fi:bɐ]
Je ne peux pas respirer.	**Ich kann nicht atmen.** [ɪç kan nɪçt 'a:tmən]
J'ai du mal à respirer.	**Ich kriege keine Luft.** [ɪç 'kʀi:gə 'kaɪnə lʊft]
Je suis asthmatique.	**Ich bin Asthmatiker.** [ɪç bɪn ast'ma:tike]
Je suis diabétique.	**Ich bin Diabetiker /Diabetikerin/** [ɪç bɪn dia'be:tikɐ /dia'be:tikəʀɪn/]

Je ne peux pas dormir.	**Ich habe Schlaflosigkeit.** [ɪç 'ha:bə 'ʃla:flo:zɪçkaɪt]
intoxication alimentaire	**Lebensmittelvergiftung** ['le:bəns‚mɪtəl·fɛɐ‚gɪftʊŋ]

Ça fait mal ici.	**Es tut hier weh.** [ɛs tʊt 'hi:ɐ ve:]
Aidez-moi!	**Hilfe!** ['hɪlfə!]
Je suis ici!	**Ich bin hier!** [ɪç bɪn 'hi:ɐ!]
Nous sommes ici!	**Wir sind hier!** [vi:ɐ zɪnt 'hi:ɐ!]
Sortez-moi d'ici!	**Bringen Sie mich hier raus!** ['bRɪŋən zi: mɪç hi:ɐ 'Raʊs!]
J'ai besoin d'un docteur.	**Ich brauche einen Arzt.** [ɪç 'bRaʊxə 'aɪnən aʁtst]
Je ne peux pas bouger!	**Ich kann mich nicht bewegen.** [ɪç kan mɪç nɪçt bə've:gən]
Je ne peux pas bouger mes jambes.	**Ich kann meine Beine nicht bewegen.** [ɪç kan 'maɪnə 'baɪnə nɪçt bə've:gən]

Je suis blessé /blessée/	**Ich habe eine Wunde.** [ɪç 'ha:bə 'aɪnə 'vʊndə]
Est-ce que c'est sérieux?	**Ist es ernst?** [ist ɛs ɛʁnst?]
Mes papiers sont dans ma poche.	**Meine Dokumente sind in meiner Hosentasche.** ['maɪnə doku'mɛntə zɪnt ɪn 'maɪnə 'ho:zən‚taʃə]
Calmez-vous!	**Beruhigen Sie sich!** [bə'Ru:ɪgən zi: zɪç!]
Puis-je utiliser votre téléphone?	**Kann ich Ihr Telefon benutzen?** [kan ɪç i:ɐ tele'fo:n bə'nʊtsən?]

Appelez une ambulance!	**Rufen Sie einen Krankenwagen!** ['Ru:fən zi: 'aɪnən 'kRaŋkən‚va:gən!]
C'est urgent!	**Es ist dringend!** [ɛs ist 'dRɪŋənt!]
C'est une urgence!	**Es ist ein Notfall!** [ɛs ist aɪn 'no:t‚fal!]
Dépêchez-vous, s'il vous plaît!	**Schneller bitte!** ['ʃnɛlɐ 'bɪtə!]
Appelez le docteur, s'il vous plaît.	**Können Sie bitte einen Arzt rufen?** ['kœnən zi: 'bɪtə 'aɪnən aʁtst 'Ru:fən?]
Où est l'hôpital?	**Wo ist das Krankenhaus?** [vo: ist das 'kRaŋkən‚haʊs?]

Comment vous sentez-vous?	**Wie fühlen Sie sich?** [vi: 'fy:lən zi: zɪç?]
Est-ce que ça va?	**Ist bei Ihnen alles in Ordnung?** [ist baɪ 'i:nən 'aləs ɪn 'ɔʁdnʊŋ?]

Qu'est-il arrivé?	**Was ist passiert?** [vas ɪst pa'siːɐt?]
Je me sens mieux maintenant.	**Mir geht es schon besser.** [miːɐ geːt ɛs ʃoːn 'bɛsɐ]
Ça va. Tout va bien.	**Es ist in Ordnung.** [ɛs ist ɪn 'ɔʁdnʊŋ]
Ça va.	**Alles ist in Ordnung.** ['aləs ist ɪn 'ɔʁdnʊŋ]

À la pharmacie

pharmacie	**Apotheke** [apoˈteːkə]
pharmacie 24 heures	**24 Stunden Apotheke** [fiːɐ·ʊn·ˈtsvantsɪç ˈʃtʊndən apoˈteːkə]
Où se trouve la pharmacie la plus proche?	**Wo ist die nächste Apotheke?** [voː ist di ˈnɛːçstə apoˈteːkə?]
Est-elle ouverte en ce moment?	**Ist sie jetzt offen?** [ist ziː jɛtst ˈɔfən?]
À quelle heure ouvre-t-elle?	**Um wie viel Uhr öffnet sie?** [ʊm vifiːl uːɐ ˈœfnət ziː?]
à quelle heure ferme-t-elle?	**Um wie viel Uhr schließt sie?** [ʊm vifiːl uːɐ ʃliːst ziː?]
C'est loin?	**Ist es weit?** [ist ɛs vaɪt?]
Est-ce que je peux y aller à pied?	**Kann ich dort zu Fuß hingehen?** [kan ɪç dɔʁt tsu fuːs ˈhɪnˌgeːən?]
Pouvez-vous me le montrer sur la carte?	**Können Sie es mir auf der Karte zeigen?** [ˈkœnən ziː ɛs miːɐ aʊf deːɐ ˈkaʁtə ˈtsaɪgən?]
Pouvez-vous me donner quelque chose contre …	**Bitte geben sie mir etwas gegen …** [ˈbɪtə geːbn ziː miːɐ ˈɛtvas ˈgeːgən …]
le mal de tête	**Kopfschmerzen** [ˈkɔpfʃmɛʁtsən]
la toux	**Husten** [ˈhuːstən]
le rhume	**eine Erkältung** [ˈaɪnə ɛɐˈkɛltʊŋ]
la grippe	**die Grippe** [di ˈgʁɪpə]
la fièvre	**Fieber** [ˈfiːbɐ]
un mal d'estomac	**Magenschmerzen** [ˈmaːgənʃmɛʁtsən]
la nausée	**Übelkeit** [ˈyːbəlkaɪt]
la diarrhée	**Durchfall** [ˈdʊʁçˌfal]
la constipation	**Verstopfung** [fɛɐˈʃtɔpfʊŋ]

un mal de dos	**Rückenschmerzen** ['ʀʏkən,ʃmɛʁtsən]
les douleurs de poitrine	**Brustschmerzen** ['bʀʊst,ʃmɛʁtsən]
les points de côté	**Seitenstechen** ['zaɪtən,ʃtɛçən]
les douleurs abdominales	**Bauchschmerzen** ['baʊχ,ʃmɛʁtsən]
une pilule	**Pille** ['pɪlə]
un onguent, une crème	**Salbe, Creme** ['zalbə, kʀɛːm]
un sirop	**Sirup** ['ziːʀʊp]
un spray	**Spray** [ʃpʀeː]
les gouttes	**Tropfen** ['tʀɔpfən]
Vous devez allez à l'hôpital.	**Sie müssen ins Krankenhaus gehen.** [ziː 'mʏsən ɪns 'kʀaŋkən,haʊs 'geːən]
assurance maladie	**Krankenversicherung** ['kʀaŋkən·fɛɐ̯,zɪçəʀʊŋ]
prescription	**Rezept** [ʀe'tsɛpt]
produit anti-insecte	**Insektenschutzmittel** [ɪn'zɛktən·'ʃʊts,mɪtəl]
bandages adhésifs	**Pflaster** ['pflastə]

Les essentiels

Excusez-moi, ...

Entschuldigen Sie bitte, ...
[ɛnt'ʃʊldɪgən zi: 'bɪtə, ...]

Bonjour

Hallo.
[ha'lo:]

Merci

Danke.
['daŋkə]

Au revoir

Auf Wiedersehen.
[aʊf 'vi:dɐˌzeːən]

Oui

Ja.
[ja:]

Non

Nein.
[naɪn]

Je ne sais pas.

Ich weiß nicht.
[ɪç vaɪs nɪçt]

Où? (~ es-tu?) | Où? (~ vas-tu?) | Quand?

Wo? | Wohin? | Wann?
[vo:? | vo'hɪn? | van?]

J'ai besoin de ...

Ich brauche ...
[ɪç 'bʀaʊχə ...]

Je veux ...

Ich möchte ...
[ɪç 'mœçtə ...]

Avez-vous ... ?

Haben Sie ...?
['ha:bən zi: ...?]

Est-ce qu'il y a ... ici?

Gibt es hier ...?
[gi:pt ɛs 'hi:ɐ ...?]

Puis-je ... ?

Kann ich ...?
[kan ɪç ...?]

s'il vous plaît (pour une demande)

Bitte
['bɪtə]

Je cherche ...

Ich suche ...
[ɪç 'zu:χə ...]

les toilettes

Toilette
[toa'lɛtə]

un distributeur

Geldautomat
['gɛlt?'aʊtoˌma:t]

une pharmacie

Apotheke
[apo'te:kə]

l'hôpital

Krankenhaus
['kʀaŋkənˌhaʊs]

le commissariat de police

Polizeistation
[poli'tsaɪˌʃtaˌtsjo:n]

une station de métro

U-Bahn
['u:baːn]

un taxi	**Taxi** ['taksi]
la gare	**Bahnhof** ['ba:n͵ho:f]

Je m'appelle …	**Ich heiße …** [ɪç 'haɪsə …]
Comment vous appelez-vous?	**Wie heißen Sie?** [vi: 'haɪsən zi:?]
Aidez-moi, s'il vous plaît.	**Helfen Sie mir bitte.** ['hɛlfən zi: mi:ɐ 'bɪtə]
J'ai un problème.	**Ich habe ein Problem.** [ɪç 'ha:bə aɪn pʀo'ble:m]
Je ne me sens pas bien.	**Mir ist schlecht.** [mi:ɐ ɪs ʃlɛçt]
Appelez une ambulance!	**Rufen Sie einen Krankenwagen!** ['ʀu:fən zi: 'aɪnən 'kʀaŋkən͵va:gən!]
Puis-je faire un appel?	**Darf ich telefonieren?** [daʁf ɪç telefo'ni:ʀən?]

Excusez-moi.	**Entschuldigung.** [ɛnt'ʃʊldɪgʊŋ]
Je vous en prie.	**Keine Ursache.** ['kaɪnə 'u:ɐ͵zaxə]

je, moi	**ich** [ɪç]
tu, toi	**du** [du:]
il	**er** [e:ɐ]
elle	**sie** [zi:]
ils	**sie** [zi:]
elles	**sie** [zi:]
nous	**wir** [vi:ɐ]
vous	**ihr** [i:ɐ]
Vous	**Sie** [zi:]

ENTRÉE	**EINGANG** ['aɪn͵gaŋ]
SORTIE	**AUSGANG** ['aʊs͵gaŋ]
HORS SERVICE | EN PANNE	**AUßER BETRIEB** [͵aʊsɐ bə'tʀi:p]
FERMÉ	**GESCHLOSSEN** [gə'ʃlɔsən]

OUVERT	**OFFEN** ['ɔfən]
POUR LES FEMMES	**FÜR DAMEN** [fyːɐ 'damən]
POUR LES HOMMES	**FÜR HERREN** [fyːɐ 'hɛʀən]

DICTIONNAIRE CONCIS

Cette section contient plus
de 1500 mots les plus utilisés.
Le dictionnaire inclut beaucoup
de termes gastronomiques
et peut être utile lorsque
vous faites le marché
ou commandez des plats
au restaurant

T&P Books Publishing

CONTENU DU DICTIONNAIRE

T&P Books Publishing

temps (m)	**Zeit** (f)	[tsaɪt]
heure (f)	**Stunde** (f)	[ˈʃtʊndə]
demi-heure (f)	**eine halbe Stunde**	[ˈaɪnə ˈhalbə ˈʃtʊndə]
minute (f)	**Minute** (f)	[miˈnuːtə]
seconde (f)	**Sekunde** (f)	[zeˈkʊndə]
aujourd'hui (adv)	**heute**	[ˈhɔɪtə]
demain (adv)	**morgen**	[ˈmɔʁɡən]
hier (adv)	**gestern**	[ˈɡɛstɐn]
lundi (m)	**Montag** (m)	[ˈmoːntaːk]
mardi (m)	**Dienstag** (m)	[ˈdiːnstaːk]
mercredi (m)	**Mittwoch** (m)	[ˈmɪtvɔχ]
jeudi (m)	**Donnerstag** (m)	[ˈdɔnɐstaːk]
vendredi (m)	**Freitag** (m)	[ˈfʁaɪtaːk]
samedi (m)	**Samstag** (m)	[ˈzamstaːk]
dimanche (m)	**Sonntag** (m)	[ˈzɔntaːk]
jour (m)	**Tag** (m)	[taːk]
jour (m) ouvrable	**Arbeitstag** (m)	[ˈaʁbaɪtsˌtaːk]
jour (m) férié	**Feiertag** (m)	[ˈfaɪɐˌtaːk]
week-end (m)	**Wochenende** (n)	[ˈvɔχənˌʔɛndə]
semaine (f)	**Woche** (f)	[ˈvɔχə]
la semaine dernière	**letzte Woche**	[ˈlɛtstə ˈvɔχə]
la semaine prochaine	**nächste Woche**	[ˈnɛːçstə ˈvɔχə]
lever (m) du soleil	**Sonnenaufgang** (m)	[ˈzɔnənˌʔaʊfɡaŋ]
coucher (m) du soleil	**Sonnenuntergang** (m)	[ˈzɔnənˌʔʊntɐɡaŋ]
le matin	**morgens**	[ˈmɔʁɡəns]
dans l'après-midi	**nachmittags**	[ˈnaːχmɪˌtaːks]
le soir	**abends**	[ˈaːbənts]
ce soir	**heute Abend**	[ˈhɔɪtə ˈaːbənt]
la nuit	**nachts**	[naχts]
minuit (f)	**Mitternacht** (f)	[ˈmɪtɐˌnaχt]
janvier (m)	**Januar** (m)	[ˈjanuaːɐ]
février (m)	**Februar** (m)	[ˈfeːbʁuaːɐ]
mars (m)	**März** (m)	[mɛʁts]
avril (m)	**April** (m)	[aˈpʁɪl]
mai (m)	**Mai** (m)	[maɪ]
juin (m)	**Juni** (m)	[ˈjuːni]
juillet (m)	**Juli** (m)	[ˈjuːli]
août (m)	**August** (m)	[aʊˈɡʊst]

septembre (m)	September (m)	[zɛpˈtɛmbɐ]
octobre (m)	Oktober (m)	[ɔkˈtoːbɐ]
novembre (m)	November (m)	[noˈvɛmbɐ]
décembre (m)	Dezember (m)	[deˈtsɛmbɐ]

au printemps	im Frühling	[ɪm ˈfʀyːlɪŋ]
en été	im Sommer	[ɪm ˈzɔmɐ]
en automne	im Herbst	[ɪm hɛʁpst]
en hiver	im Winter	[ɪm ˈvɪntɐ]

mois (m)	Monat (m)	[ˈmoːnat]
saison (f)	Saison (f)	[zɛˈzɔŋ]
année (f)	Jahr (n)	[jaːɐ]
siècle (m)	Jahrhundert (n)	[jaːɐˈhʊndɐt]

2. Nombres. Adjectifs numéraux

chiffre (m)	Ziffer (f)	[ˈtsɪfɐ]
nombre (m)	Zahl (f)	[tsaːl]
moins (m)	Minus (n)	[ˈmiːnʊs]
plus (m)	Plus (n)	[plʊs]
somme (f)	Summe (f)	[ˈzʊmə]

premier (adj)	der erste	[deːɐ ˈɛʁstə]
deuxième (adj)	der zweite	[deːɐ ˈtsvaɪtə]
troisième (adj)	der dritte	[deːɐ ˈdʀɪtə]

zéro	null	[nʊl]
un	eins	[aɪns]
deux	zwei	[tsvaɪ]
trois	drei	[dʀaɪ]
quatre	vier	[fiːɐ]

cinq	fünf	[fʏnf]
six	sechs	[zɛks]
sept	sieben	[ˈziːbən]
huit	acht	[aχt]
neuf	neun	[nɔɪn]
dix	zehn	[tseːn]

onze	elf	[ɛlf]
douze	zwölf	[tsvœlf]
treize	dreizehn	[ˈdʀaɪtseːn]
quatorze	vierzehn	[ˈfɪʁtseːn]
quinze	fünfzehn	[ˈfʏnftseːn]

seize	sechzehn	[ˈzɛçtseːn]
dix-sept	siebzehn	[ˈziːptseːn]
dix-huit	achtzehn	[ˈaχtseːn]
dix-neuf	neunzehn	[ˈnɔɪntseːn]

vingt	zwanzig	['tsvantsıç]
trente	dreißig	['dRaısıç]
quarante	vierzig	['fıʁtsıç]
cinquante	fünfzig	['fʏnftsıç]

soixante	sechzig	['zɛçtsıç]
soixante-dix	siebzig	['ziːptsıç]
quatre-vingts	achtzig	['aχtsıç]
quatre-vingt-dix	neunzig	['nɔıntsıç]
cent	einhundert	['aın͵hʊndet]
deux cents	zweihundert	['tsvaı͵hʊndet]
trois cents	dreihundert	['dRaı͵hʊndet]
quatre cents	vierhundert	['fiːe͵hʊndet]
cinq cents	fünfhundert	['fʏnf͵hʊndet]

six cents	sechshundert	[zɛks͵hʊndet]
sept cents	siebenhundert	['ziːbən͵hʊndet]
huit cents	achthundert	['aχt͵hʊndet]
neuf cents	neunhundert	['nɔın͵hʊndet]
mille	eintausend	['aın͵taʊzənt]

dix mille	zehntausend	['tsen͵taʊzənt]
cent mille	hunderttausend	['hʊndet͵taʊzənt]
million (m)	Million (f)	[mı'ljoːn]
milliard (m)	Milliarde (f)	[mı'lıaʁdə]

3. L'être humain. La famille

homme (m)	Mann (m)	[man]
jeune homme (m)	Junge (m)	['jʊŋə]
adolescent (m)	Teenager (m)	['tiːneːdʒe]
femme (f)	Frau (f)	[fʀaʊ]
jeune fille (f)	Mädchen (n)	['mɛːtçən]

âge (m)	Alter (n)	['altə]
adulte (m)	Erwachsene (f)	[ɛɐ'vaksənə]
d'âge moyen (adj)	in mittleren Jahren	[ın 'mıtləʀən 'jaːʀən]
âgé (adj)	älterer	['ɛltəʀɐ]
vieux (adj)	alt	[alt]

vieillard (m)	Greis (m)	[gʀaıs]
vieille femme (f)	alte Frau (f)	['altə 'fʀaʊ]
retraite (f)	Ruhestand (m)	['ʀuːəʃtant]
prendre sa retraite	in Rente gehen	[ın 'ʀɛntə 'geːən]
retraité (m)	Rentner (m)	['ʀɛntne]

mère (f)	Mutter (f)	['mʊte]
père (m)	Vater (m)	['faːte]
fils (m)	Sohn (m)	[zoːn]
fille (f)	Tochter (f)	['tɔχte]

| frère (m) | Bruder (m) | ['bʀuːdɐ] |
| sœur (f) | Schwester (f) | ['ʃvɛstɐ] |

parents (m pl)	Eltern (pl)	['ɛltɐn]
enfant (m, f)	Kind (n)	[kɪnt]
enfants (pl)	Kinder (pl)	['kɪndɐ]
belle-mère (f)	Stiefmutter (f)	['ʃtiːfˌmʊtɐ]
beau-père (m)	Stiefvater (m)	['ʃtiːfˌfaːtɐ]

grand-mère (f)	Großmutter (f)	['gʀoːsˌmʊtɐ]
grand-père (m)	Großvater (m)	['gʀoːsˌfaːtɐ]
petit-fils (m)	Enkel (m)	['ɛŋkəl]
petite-fille (f)	Enkelin (f)	['ɛŋkəlɪn]
petits-enfants (pl)	Enkelkinder (pl)	['ɛŋkəlˌkɪndɐ]

oncle (m)	Onkel (m)	['ɔŋkəl]
tante (f)	Tante (f)	['tantə]
neveu (m)	Neffe (m)	['nɛfə]
nièce (f)	Nichte (f)	['nɪçtə]

femme (f)	Frau (f)	[fʀaʊ]
mari (m)	Mann (m)	[man]
marié (adj)	verheiratet	[fɛɐ'haɪʀaːtət]
mariée (adj)	verheiratet	[fɛɐ'haɪʀaːtət]
veuve (f)	Witwe (f)	['vɪtvə]
veuf (m)	Witwer (m)	['vɪtvɐ]

| prénom (m) | Vorname (m) | ['foːɐˌnaːmə] |
| nom (m) de famille | Name (m) | ['naːmə] |

parent (m)	Verwandte (m)	[fɛɐ'vantə]
ami (m)	Freund (m)	[fʀɔɪnt]
amitié (f)	Freundschaft (f)	['fʀɔɪntʃaft]

partenaire (m)	Partner (m)	['paʁtnɐ]
supérieur (m)	Vorgesetzte (m)	['foːɐɡəˌzɛtstə]
collègue (m, f)	Kollege (m), Kollegin (f)	[kɔ'leːɡə], [kɔ'leːɡɪn]
voisins (m pl)	Nachbarn (pl)	['naxbaːɐn]

4. Le corps humain. L'anatomie

organisme (m)	Organismus (m)	[ˌɔʁɡa'nɪsmʊs]
corps (m)	Körper (m)	['kœʁpɐ]
cœur (m)	Herz (n)	[hɛɐts]
sang (m)	Blut (n)	[bluːt]
cerveau (m)	Gehirn (n)	[ɡə'hɪʁn]
nerf (m)	Nerv (m)	[nɛʁf]

| os (m) | Knochen (m) | ['knɔχən] |
| squelette (f) | Skelett (n) | [ske'lɛt] |

colonne (f) vertébrale	Wirbelsäule (f)	['vɪʁbəlˌzɔɪlə]
côte (f)	Rippe (f)	['ʀɪpə]
crâne (m)	Schädel (m)	['ʃɛːdəl]
muscle (m)	Muskel (m)	['mʊskəl]
poumons (m pl)	Lungen (pl)	['lʊŋən]
peau (f)	Haut (f)	[haʊt]
tête (f)	Kopf (m)	[kɔpf]
visage (m)	Gesicht (n)	[gə'zɪçt]
nez (m)	Nase (f)	['naːzə]
front (m)	Stirn (f)	[ʃtɪʁn]
joue (f)	Wange (f)	['vaŋə]
bouche (f)	Mund (m)	[mʊnt]
langue (f)	Zunge (f)	['tsʊŋə]
dent (f)	Zahn (m)	[tsaːn]
lèvres (f pl)	Lippen (pl)	['lɪpən]
menton (m)	Kinn (n)	[kɪn]
oreille (f)	Ohr (n)	[oːɐ]
cou (m)	Hals (m)	[hals]
gorge (f)	Kehle (f)	['keːlə]
œil (m)	Auge (n)	['aʊgə]
pupille (f)	Pupille (f)	[pu'pɪlə]
sourcil (m)	Augenbraue (f)	['aʊgənˌbʀaʊə]
cil (m)	Wimper (f)	['vɪmpɐ]
cheveux (m pl)	Haare (pl)	['haːʀə]
coiffure (f)	Frisur (f)	[ˌfʀi'zuːɐ]
moustache (f)	Schnurrbart (m)	['ʃnʊʁˌbaːɐt]
barbe (f)	Bart (m)	[baːɐt]
porter (~ la barbe)	haben (vt)	[haːbən]
chauve (adj)	kahl	[kaːl]
main (f)	Hand (f)	[hant]
bras (m)	Arm (m)	[aʁm]
doigt (m)	Finger (m)	['fɪŋɐ]
ongle (m)	Nagel (m)	['naːgəl]
paume (f)	Handfläche (f)	['hantˌflɛçə]
épaule (f)	Schulter (f)	['ʃʊltɐ]
jambe (f)	Bein (n)	[baɪn]
pied (m)	Fuß (m)	[fuːs]
genou (m)	Knie (n)	[kniː]
talon (m)	Ferse (f)	['fɛʁzə]
dos (m)	Rücken (m)	['ʀʏkən]
taille (f) (~ de guêpe)	Taille (f)	['taljə]
grain (m) de beauté	Leberfleck (m)	['leːbɐˌflɛk]
tache (f) de vin	Muttermal (n)	['mʊːtɐˌmaːl]

5. Les maladies. Les médicaments

santé (f)	**Gesundheit** (f)	[gə'zʊnthaɪt]
en bonne santé	**gesund**	[gə'zʊnt]
maladie (f)	**Krankheit** (f)	['kʀaŋkhaɪt]
être malade	**krank sein**	[kʀaŋk zaɪn]
malade (adj)	**krank**	[kʀaŋk]
refroidissement (m)	**Erkältung** (f)	[ɛɐ'kɛltʊŋ]
prendre froid	**sich erkälten**	[zɪç ɛɐ'kɛltən]
angine (f)	**Angina** (f)	[aŋ'giːna]
pneumonie (f)	**Lungenentzündung** (f)	['lʊŋən?ɛnt͡tsʏndʊŋ]
grippe (f)	**Grippe** (f)	['gʀɪpə]
rhume (m) (coryza)	**Schnupfen** (m)	['ʃnʊpfən]
toux (f)	**Husten** (m)	['huːstən]
tousser (vi)	**husten** (vi)	['huːstən]
éternuer (vi)	**niesen** (vi)	['niːzən]
insulte (f)	**Schlaganfall** (m)	['ʃlaːk?an͜fal]
crise (f) cardiaque	**Infarkt** (m)	[ɪn'faʀkt]
allergie (f)	**Allergie** (f)	[ˌalɛʀ'giː]
asthme (m)	**Asthma** (n)	['astma]
diabète (m)	**Diabetes** (m)	[dia'beːtɛs]
tumeur (f)	**Tumor** (m)	['tuːmoːɐ]
cancer (m)	**Krebs** (m)	[kʀeːps]
alcoolisme (m)	**Alkoholismus** (m)	[ˌalkoho'lɪsmʊs]
SIDA (m)	**AIDS**	['eɪts]
fièvre (f)	**Fieber** (n)	['fiːbɐ]
mal (m) de mer	**Seekrankheit** (f)	['zeːˌkʀaŋkhaɪt]
bleu (m)	**blauer Fleck** (m)	['blaʊɐ flɛk]
bosse (f)	**Beule** (f)	['bɔɪlə]
boiter (vi)	**hinken** (vi)	['hɪŋkən]
foulure (f)	**Verrenkung** (f)	[fɛɐ'ʀɛnkʊŋ]
se démettre (l'épaule, etc.)	**ausrenken** (vt)	['aʊsˌʀɛŋkən]
fracture (f)	**Fraktur** (f)	[fʀak'tuːɐ]
brûlure (f)	**Verbrennung** (f)	[fɛɐ'bʀɛnʊŋ]
blessure (f)	**Verletzung** (f)	[fɛɐ'lɛtsʊŋ]
douleur (f)	**Schmerz** (m)	[ʃmɛʀts]
mal (m) de dents	**Zahnschmerz** (m)	['tsaːnʃmɛʀts]
suer (vi)	**schwitzen** (vi)	['ʃvɪtsən]
sourd (adj)	**taub**	[taʊp]
muet (adj)	**stumm**	[ʃtʊm]
immunité (f)	**Immunität** (f)	[ɪmuni'tɛːt]
virus (m)	**Virus** (m, n)	['viːʀʊs]
microbe (m)	**Mikrobe** (f)	[mi'kʀoːbə]

bactérie (f)	**Bakterie** (f)	[bak'te:ʀɪə]
infection (f)	**Infektion** (f)	[ɪnfɛk'tsjo:n]

hôpital (m)	**Krankenhaus** (n)	['kʀaŋkən‚haʊs]
cure (f) (faire une ~)	**Heilung** (f)	['haɪlʊŋ]
vacciner (vt)	**impfen** (vt)	['ɪmpfən]
être dans le coma	**im Koma liegen**	[ɪm 'ko:ma 'li:gən]
réanimation (f)	**Reanimation** (f)	[ʀeʔanima'tsjo:n]
symptôme (m)	**Symptom** (n)	[zʏmp'to:m]
pouls (m)	**Puls** (m)	[pʊls]

6. Les sensations. Les émotions. La communication

je	**ich**	[ɪç]
tu	**du**	[du:]
il	**er**	[e:ɐ]
elle	**sie**	[zi:]
ça	**es**	[ɛs]

nous	**wir**	[vi:ɐ]
vous	**ihr**	[i:ɐ]
vous (form., sing.)	**Sie**	[zi:]
vous (form., pl)	**Sie**	[zi:]
ils, elles	**sie**	[zi:]

Bonjour! (fam.)	**Hallo!**	[ha'lo:]
Bonjour! (form.)	**Hallo!**	[ha'lo:]
Bonjour! (le matin)	**Guten Morgen!**	['gu:tən 'mɔʀgən]
Bonjour! (après-midi)	**Guten Tag!**	['gu:tən 'ta:k]
Bonsoir!	**Guten Abend!**	['gu:tən 'a:bənt]

dire bonjour	**grüßen** (vi, vt)	['gʀy:sən]
saluer (vt)	**begrüßen** (vt)	[bə'gʀy:sən]
Comment ça va?	**Wie geht's?**	[‚vi: 'ge:ts]
Au revoir!	**Auf Wiedersehen!**	[aʊf 'vi:dɐ‚ze:ən]
Merci!	**Danke!**	['daŋkə]

sentiments (m pl)	**Gefühle** (pl)	[gə'fy:lə]
avoir faim	**hungrig sein**	['hʊŋʀɪç zaɪn]
avoir soif	**Durst haben**	['dʊʀst 'ha:bən]
fatigué (adj)	**müde**	['my:də]

s'inquiéter (vp)	**sorgen** (vi)	['zɔʀgən]
s'énerver (vp)	**nervös sein**	[nɛʀ'vø:s zaɪn]
espoir (m)	**Hoffnung** (f)	['hɔfnʊŋ]
espérer (vi)	**hoffen** (vi)	['hɔfən]

caractère (m)	**Charakter** (m)	[ka'ʀaktɐ]
modeste (adj)	**bescheiden**	[bə'ʃaɪdən]
paresseux (adj)	**faul**	[faʊl]

| généreux (adj) | freigebig | ['fʀaɪˌgeːbɪç] |
| doué (adj) | talentiert | [talɛn'tiːɐt] |

honnête (adj)	ehrlich	['eːɐlɪç]
sérieux (adj)	ernst	[ɛʁnst]
timide (adj)	schüchtern	['ʃʏçtɐn]
sincère (adj)	aufrichtig	['aʊfˌʀɪçtɪç]
peureux (m)	Feigling (m)	['faɪklɪŋ]

dormir (vi)	schlafen (vi)	['ʃlaːfən]
rêve (m)	Traum (m)	[tʀaʊm]
lit (m)	Bett (n)	[bɛt]
oreiller (m)	Kissen (n)	['kɪsən]

insomnie (f)	Schlaflosigkeit (f)	['ʃlaːfloːzɪçkaɪt]
aller se coucher	schlafen gehen	['ʃlaːfən 'geːən]
cauchemar (m)	Alptraum (m)	['alpˌtʀaʊm]
réveil (m)	Wecker (m)	['vɛkɐ]

sourire (m)	Lächeln (n)	['lɛçəln]
sourire (vi)	lächeln (vi)	['lɛçəln]
rire (vi)	lachen (vi)	['laxən]

dispute (f)	Zank (m)	[tsaŋk]
insulte (f)	Kränkung (f)	['kʀɛŋkʊŋ]
offense (f)	Beleidigung (f)	[bə'laɪdɪgʊŋ]
fâché (adj)	verärgert	[fɛɐ'ɛʁgɐt]

7. Les vêtements. Les accessoires personnels

vêtement (m)	Kleidung (f)	['klaɪdʊŋ]
manteau (m)	Mantel (m)	['mantəl]
manteau (m) de fourrure	Pelzmantel (m)	['pɛltsˌmantəl]
veste (f) (~ en cuir)	Jacke (f)	['jakə]
imperméable (m)	Regenmantel (m)	['ʀeːgənˌmantəl]
chemise (f)	Hemd (n)	[hɛmt]
pantalon (m)	Hose (f)	['hoːzə]
veston (m)	Jackett (n)	[ʒa'kɛt]
complet (m)	Anzug (m)	['anˌtsuːk]

robe (f)	Kleid (n)	[klaɪt]
jupe (f)	Rock (m)	[ʀɔk]
tee-shirt (m)	T-Shirt (n)	['tiː ʃøːɐt]
peignoir (m) de bain	Bademantel (m)	['baːdəˌmantəl]
pyjama (m)	Schlafanzug (m)	['ʃlaːfʔanˌtsuːk]
tenue (f) de travail	Arbeitskleidung (f)	['aʁbaɪtsˌklaɪdʊŋ]

sous-vêtements (m pl)	Unterwäsche (f)	['ʊntɐˌvɛʃə]
chaussettes (f pl)	Socken (pl)	['zɔkən]
soutien-gorge (m)	Büstenhalter (m)	['bystənˌhaltɐ]

collants (m pl)	Strumpfhose (f)	['ʃtʀʊmpfˌhoːzə]
bas (m pl)	Strümpfe (pl)	['ʃtʀʏmpfə]
maillot (m) de bain	Badeanzug (m)	['baːdəˌʔantsuːk]

chapeau (m)	Mütze (f)	['mʏtsə]
chaussures (f pl)	Schuhe (pl)	['ʃuːə]
bottes (f pl)	Stiefel (pl)	['ʃtiːfəl]
talon (m)	Absatz (m)	['apˌzats]
lacet (m)	Schnürsenkel (m)	['ʃnyːɐˌsɛŋkəl]
cirage (m)	Schuhcreme (f)	['ʃuːˌkʀɛːm]

coton (m)	Baumwolle (f)	['baʊmˌvɔlə]
laine (f)	Wolle (f)	['vɔlə]
fourrure (f)	Pelz (m)	[pɛlts]

gants (m pl)	Handschuhe (pl)	['hantʃuːə]
moufles (f pl)	Fausthandschuhe (pl)	['faʊstˌhantʃuːə]
écharpe (f)	Schal (m)	[ʃaːl]
lunettes (f pl)	Brille (f)	['bʀɪlə]
parapluie (m)	Regenschirm (m)	['ʀeːgənʃɪʀm]

cravate (f)	Krawatte (f)	[kʀa'vatə]
mouchoir (m)	Taschentuch (n)	['taʃənˌtuːχ]
peigne (m)	Kamm (m)	[kam]
brosse (f) à cheveux	Haarbürste (f)	['haːɐˌbʏʀstə]
boucle (f)	Schnalle (f)	['ʃnalə]
ceinture (f)	Gürtel (m)	['gʏʀtəl]
sac (m) à main	Handtasche (f)	['hantˌtaʃə]

col (m)	Kragen (m)	['kʀaːgən]
poche (f)	Tasche (f)	['taʃə]
manche (f)	Ärmel (m)	['ɛʀməl]
braguette (f)	Hosenschlitz (m)	['hoːzənʃlɪts]

fermeture (f) à glissière	Reißverschluss (m)	['ʀaɪsˌfɛɐʃlʊs]
bouton (m)	Knopf (m)	[knɔpf]
se salir (vp)	sich beschmutzen	[zɪç bə'ʃmʊtsən]
tache (f)	Fleck (m)	[flɛk]

8. La ville. Les établissements publics

magasin (m)	Laden (m)	['laːdən]
centre (m) commercial	Einkaufszentrum (n)	['aɪnkaʊfsˌtsɛntʀʊm]
supermarché (m)	Supermarkt (m)	['zuːpɐˌmaʀkt]
magasin (m) de chaussures	Schuhgeschäft (n)	['ʃuːgəˌʃɛft]
librairie (f)	Buchhandlung (f)	['buːχˌhandlʊŋ]

pharmacie (f)	Apotheke (f)	[apo'teːkə]
boulangerie (f)	Bäckerei (f)	[ˌbɛkə'ʀaɪ]
pâtisserie (f)	Konditorei (f)	[ˌkɔndito'ʀaɪ]

épicerie (f)	Lebensmittelladen (m)	['le:bəns‚mɪtəl·la:dən]
boucherie (f)	Metzgerei (f)	[mɛtsgə'ʀaɪ]
magasin (m) de légumes	Gemüseladen (m)	[gə'my:zə‚la:dən]
marché (m)	Markt (m)	[maʁkt]

salon (m) de coiffure	Friseursalon (m)	[fʀi'zø:ɐ·za‚lɔn]
poste (f)	Post (f)	[pɔst]
pressing (m)	chemische Reinigung (f)	[çe:miʃə 'ʀaɪnɪgʊn]
cirque (m)	Zirkus (m)	['tsɪʁkʊs]
zoo (m)	Zoo (m)	['tso:]
théâtre (m)	Theater (n)	[te'a:tɐ]
cinéma (m)	Kino (n)	['ki:no]
musée (m)	Museum (n)	[mu'ze:ʊm]
bibliothèque (f)	Bibliothek (f)	[biblio'te:k]

mosquée (f)	Moschee (f)	[mɔ'ʃe:]
synagogue (f)	Synagoge (f)	[zyna'go:gə]
cathédrale (f)	Kathedrale (f)	[kate'dʀa:lə]
temple (m)	Tempel (m)	['tɛmpəl]
église (f)	Kirche (f)	['kɪʁçə]

institut (m)	Institut (n)	[ɪnsti'tu:t]
université (f)	Universität (f)	[univɛʁzi'tɛ:t]
école (f)	Schule (f)	['ʃu:lə]

hôtel (m)	Hotel (n)	[ho'tɛl]
banque (f)	Bank (f)	[baŋk]
ambassade (f)	Botschaft (f)	['bo:tʃaft]
agence (f) de voyages	Reisebüro (n)	['ʀaɪzə·by‚ʀo:]

| métro (m) | U-Bahn (f) | ['u:ba:n] |
| hôpital (m) | Krankenhaus (n) | ['kʀaŋkən‚haʊs] |

| station-service (f) | Tankstelle (f) | ['taŋkʃtɛlə] |
| parking (m) | Parkplatz (m) | ['paʁk‚plats] |

ENTRÉE	EINGANG	['aɪn‚gaŋ]
SORTIE	AUSGANG	['aʊs‚gaŋ]
POUSSER	DRÜCKEN	['dʀʏkən]
TIRER	ZIEHEN	['tsi:ən]

| OUVERT | GEÖFFNET | [gə'ʔœfnət] |
| FERMÉ | GESCHLOSSEN | [gə'ʃlɔsən] |

monument (m)	Denkmal (n)	['dɛŋk‚ma:l]
forteresse (f)	Festung (f)	['fɛstʊn]
palais (m)	Palast (m)	[pa'last]

médiéval (adj)	mittelalterlich	['mɪtəl‚ʔaltəlɪç]
ancien (adj)	alt	[alt]
national (adj)	national	[natsjɔ'na:l]
connu (adj)	berühmt	[bə'ʀy:mt]

9. L'argent. Les finances

argent (m)	**Geld** (n)	[gɛlt]
monnaie (f)	**Münze** (f)	['mʏntsə]
dollar (m)	**Dollar** (m)	['dɔlaʁ]
euro (m)	**Euro** (m)	['ɔɪʀo]
distributeur (m)	**Geldautomat** (m)	['gɛlt?auto͵ma:t]
bureau (m) de change	**Wechselstube** (f)	['vɛksəlʃtu:bə]
cours (m) de change	**Kurs** (m)	[kuʁs]
espèces (f pl)	**Bargeld** (n)	['ba:ɐ͵gɛlt]
Combien?	**Wie viel?**	['vi: fi:l]
payer (régler)	**zahlen** (vt)	['tsa:lən]
paiement (m)	**Lohn** (m)	[lo:n]
monnaie (f) (rendre la ~)	**Wechselgeld** (n)	['vɛksəl͵gɛlt]
prix (m)	**Preis** (m)	[pʀaɪs]
rabais (m)	**Rabatt** (m)	[ʀa'bat]
bon marché (adj)	**billig**	['bɪlɪç]
cher (adj)	**teuer**	['tɔɪɐ]
banque (f)	**Bank** (f)	[baŋk]
compte (m)	**Konto** (n)	['kɔnto]
carte (f) de crédit	**Kreditkarte** (f)	[kʀe'di:t͵kaʁtə]
chèque (m)	**Scheck** (m)	[ʃɛk]
faire un chèque	**einen Scheck schreiben**	['aɪnən ʃɛk 'ʃʀaɪbn]
chéquier (m)	**Scheckbuch** (n)	['ʃɛk͵bu:χ]
dette (f)	**Schulden** (pl)	['ʃʊldən]
débiteur (m)	**Schuldner** (m)	['ʃʊldnɐ]
prêter (vt)	**leihen** (vt)	['laɪən]
emprunter (vt)	**ausleihen** (vt)	['aʊs͵laɪən]
louer (une voiture, etc.)	**ausleihen** (vt)	['aʊs͵laɪən]
à crédit (adv)	**auf Kredit**	[aʊf kʀe'di:t]
portefeuille (m)	**Geldtasche** (f)	['gɛlt͵taʃə]
coffre fort (m)	**Safe** (m)	[sɛɪf]
héritage (m)	**Erbschaft** (f)	['ɛʁpʃaft]
fortune (f)	**Vermögen** (n)	[fɛɐ'mø:gən]
impôt (m)	**Steuer** (f)	['ʃtɔɪɐ]
amende (f)	**Geldstrafe** (f)	['gɛlt͵ʃtʀa:fə]
mettre une amende	**bestrafen** (vt)	[bə'ʃtʀa:fən]
en gros (adj)	**Großhandels-**	['gʀo:s͵handəls]
au détail (adj)	**Einzelhandels-**	['aɪntsəl͵handəls]
assurer (vt)	**versichern** (vt)	[fɛɐ'zɪçɐn]
assurance (f)	**Versicherung** (f)	[fɛɐ'zɪçəʀuŋ]
capital (m)	**Kapital** (n)	[kapi'ta:l]
chiffre (m) d'affaires	**Umsatz** (m)	['ʊm͵zats]

action (f)	Aktie (f)	['aktsiə]
profit (m)	Gewinn (m)	[gə'vɪn]
profitable (adj)	gewinnbringend	[gə'vɪn͜brɪŋənt]

crise (f)	Krise (f)	['kʀiːzə]
faillite (f)	Bankrott (m)	[baŋ'kʀɔt]
faire faillite	Bankrott machen	[baŋ'kʀɔt 'maχən]

comptable (m)	Buchhalter (m)	['buːχ͜haltɐ]
salaire (m)	Lohn (m)	[loːn]
prime (f)	Prämie (f)	['pʀɛːmɪə]

10. Les transports

autobus (m)	Bus (m)	[bʊs]
tramway (m)	Straßenbahn (f)	['ʃtʀaːsən͜baːn]
trolleybus (m)	Obus (m)	['oːbʊs]

prendre ...	mit ... fahren	[mɪt ... 'faːʀən]
monter (dans l'autobus)	einsteigen (vi)	['aɪn͜ʃtaɪɡən]
descendre de ...	aussteigen (vi)	['aʊs͜ʃtaɪɡən]

arrêt (m)	Haltestelle (f)	['haltə͜ʃtɛlə]
terminus (m)	Endhaltestelle (f)	['ɛnt͜haltə͜ʃtɛlə]
horaire (m)	Fahrplan (m)	['faːɐ͜plaːn]
ticket (m)	Fahrkarte (f)	['faːɐ͜kaʀtə]
être en retard	sich verspäten	[zɪç fɛɐ'ʃpɛːtən]

taxi (m)	Taxi (n)	['taksi]
en taxi	mit dem Taxi	[mɪt dem 'taksi]
arrêt (m) de taxi	Taxistand (m)	['taksi͜ʃtant]

trafic (m)	Straßenverkehr (m)	['ʃtʀaːsən͜fɛɐ͜keːɐ]
heures (f pl) de pointe	Hauptverkehrszeit (f)	['haʊpt·fɛɐ'keːɐs͜tsaɪt]
se garer (vp)	parken (vi)	['paʀkən]

métro (m)	U-Bahn (f)	['uːbaːn]
station (f)	Station (f)	[ʃta'tsjoːn]
train (m)	Zug (m)	[tsuːk]
gare (f)	Bahnhof (m)	['baːn͜hoːf]
rails (m pl)	Schienen (pl)	['ʃiːnən]
compartiment (m)	Abteil (n)	[ap'taɪl]
couchette (f)	Liegeplatz (m), Schlafkoje (f)	['liːɡə͜plats], ['ʃlaːf͜koːjə]

avion (m)	Flugzeug (n)	['fluːk͜tsɔɪk]
billet (m) d'avion	Flugticket (n)	['fluːk͜tɪkət]
compagnie (f) aérienne	Fluggesellschaft (f)	['fluːkɡə͜zɛlʃaft]
aéroport (m)	Flughafen (m)	['fluːk͜haːfən]
vol (m) (~ d'oiseau)	Flug (m)	[fluːk]

bagage (m)	Gepäck (n)	[gə'pɛk]
chariot (m)	Kofferkuli (m)	['kɔfe̯ˌkuːli]
bateau (m)	Schiff (n)	[ʃɪf]
bateau (m) de croisière	Kreuzfahrtschiff (n)	['kʀɔɪtsfaːɐtʃɪf]
yacht (m)	Jacht (f)	[jaχt]
canot (m) à rames	Boot (n)	['boːt]
capitaine (m)	Kapitän (m)	[kapi'tɛn]
cabine (f)	Kajüte (f)	[ka'jyːtə]
port (m)	Hafen (m)	['haːfən]
vélo (m)	Fahrrad (n)	['faːɐ̯ˌʀaːt]
scooter (m)	Motorroller (m)	['moːtoːɐ̯ˌʀɔle̯]
moto (f)	Motorrad (n)	['moːtoːɐ̯ˌʀaːt]
pédale (f)	Pedal (n)	[pe'daːl]
pompe (f)	Pumpe (f)	['pʊmpə]
roue (f)	Rad (n)	[ʀaːt]
automobile (f)	Auto (n)	['aʊto]
ambulance (f)	Krankenwagen (m)	['kʀaŋkənˌvaːgən]
camion (m)	Lastkraftwagen (m)	['lastkʀaftˌvaːgən]
d'occasion (adj)	gebraucht	[gə'bʀaʊχt]
accident (m) de voiture	Unfall (m)	['ʊnfal]
réparation (f)	Reparatur (f)	[ʀepaʀaˈtuːɐ̯]

11. Les produits alimentaires. Partie 1

viande (f)	Fleisch (n)	[flaɪʃ]
poulet (m)	Hühnerfleisch (n)	['hyːne̯ˌflaɪʃ]
canard (m)	Ente (f)	['ɛntə]
du porc	Schweinefleisch (n)	['ʃvaɪnəˌflaɪʃ]
du veau	Kalbfleisch (n)	['kalpˌflaɪʃ]
du mouton	Hammelfleisch (n)	['haməlˌflaɪʃ]
du bœuf	Rindfleisch (n)	['ʀɪntˌflaɪʃ]
saucisson (m)	Wurst (f)	[vʊʁst]
œuf (m)	Ei (n)	[aɪ]
poisson (m)	Fisch (m)	[fɪʃ]
fromage (m)	Käse (m)	['kɛːzə]
sucre (m)	Zucker (m)	['tsʊke̯]
sel (m)	Salz (n)	[zalts]
riz (m)	Reis (m)	[ʀaɪs]
pâtes (m pl)	Teigwaren (pl)	['taɪkˌvaːʀən]
beurre (m)	Butter (f)	['bʊte̯]
huile (f) végétale	Pflanzenöl (n)	['pflantsənˌʔøːl]
pain (m)	Brot (n)	[bʀoːt]
chocolat (m)	Schokolade (f)	[ʃoko'laːdə]

vin (m)	**Wein** (m)	[vaɪn]
café (m)	**Kaffee** (m)	['kafe]
lait (m)	**Milch** (f)	[mɪlç]
jus (m)	**Saft** (m)	[zaft]
bière (f)	**Bier** (n)	[biːɐ]
thé (m)	**Tee** (m)	[teː]
tomate (f)	**Tomate** (f)	[to'maːtə]
concombre (m)	**Gurke** (f)	['gʊʁkə]
carotte (f)	**Karotte** (f)	[ka'ʁɔtə]
pomme (f) de terre	**Kartoffel** (f)	[kaʁ'tɔfəl]
oignon (m)	**Zwiebel** (f)	['tsviːbəl]
ail (m)	**Knoblauch** (m)	['knoːpˌlaʊχ]
chou (m)	**Kohl** (m)	[koːl]
betterave (f)	**Rote Bete** (f)	[ˌʁoːtə'beːtə]
aubergine (f)	**Aubergine** (f)	[ˌobɛʁ'ʒiːnə]
fenouil (m)	**Dill** (m)	[dɪl]
laitue (f) (salade)	**Kopf Salat** (m)	[kɔpf za'laːt]
maïs (m)	**Mais** (m)	['maɪs]
fruit (m)	**Frucht** (f)	[fʁʊχt]
pomme (f)	**Apfel** (m)	['apfəl]
poire (f)	**Birne** (f)	['bɪʁnə]
citron (m)	**Zitrone** (f)	[tsi'tʁoːnə]
orange (f)	**Apfelsine** (f)	[apfəl'ziːnə]
fraise (f)	**Erdbeere** (f)	['eːɐtˌbeːʁə]
prune (f)	**Pflaume** (f)	['pflaʊmə]
framboise (f)	**Himbeere** (f)	['hɪmˌbeːʁə]
ananas (m)	**Ananas** (f)	['ananas]
banane (f)	**Banane** (f)	[ba'naːnə]
pastèque (f)	**Wassermelone** (f)	['vasɐmeˌloːnə]
raisin (m)	**Weintrauben** (pl)	['vaɪnˌtʁaʊbən]
melon (m)	**Melone** (f)	[me'loːnə]

12. Les produits alimentaires. Partie 2

cuisine (f)	**Küche** (f)	['kʏçə]
recette (f)	**Rezept** (n)	[ʁe'tsɛpt]
nourriture (f)	**Essen** (n)	['ɛsən]
prendre le petit déjeuner	**frühstücken** (vi)	['fʁyːʃtʏkən]
déjeuner (vi)	**zu Mittag essen**	[tsu 'mɪtaːk 'ɛsən]
dîner (vi)	**zu Abend essen**	[tsu 'aːbənt 'ɛsən]
goût (m)	**Geschmack** (m)	[gə'ʃmak]
bon (savoureux)	**lecker**	['lɛkɐ]
froid (adj)	**kalt**	[kalt]
chaud (adj)	**heiß**	[haɪs]

sucré (adj)	süß	[zy:s]
salé (adj)	salzig	['zaltsıç]
sandwich (m)	belegtes Brot (n)	[bə'le:ktəs bʀo:t]
garniture (f)	Beilage (f)	['baı‚la:gə]
garniture (f)	Füllung (f)	['fʏlʊŋ]
sauce (f)	Soße (f)	['zo:sə]
morceau (m)	Stück (n)	[ʃtʏk]
régime (m)	Diät (f)	[di'ɛ:t]
vitamine (f)	Vitamin (n)	[vita'mi:n]
calorie (f)	Kalorie (f)	[kalo'ʀi:]
végétarien (m)	Vegetarier (m)	[vege'ta:ʀɪɐ]
restaurant (m)	Restaurant (n)	[ʀɛsto'ʀaŋ]
salon (m) de café	Kaffeehaus (n)	[ka'fe:‚haʊs]
appétit (m)	Appetit (m)	[ape'ti:t]
Bon appétit!	Guten Appetit!	[‚gutən ‚ʔapə'ti:t]
serveur (m)	Kellner (m)	['kɛlnə]
serveuse (f)	Kellnerin (f)	['kɛlnəʀɪn]
barman (m)	Barmixer (m)	['ba:ɐ‚mɪksɐ]
carte (f)	Speisekarte (f)	['ʃpaɪzə‚kaʀtə]
cuillère (f)	Löffel (m)	['lœfəl]
couteau (m)	Messer (n)	['mɛsɐ]
fourchette (f)	Gabel (f)	[ga:bəl]
tasse (f)	Tasse (f)	['tasə]
assiette (f)	Teller (m)	['tɛlɐ]
soucoupe (f)	Untertasse (f)	['ʊntɐ‚tasə]
serviette (f)	Serviette (f)	[zɛʀ'vɪɛtə]
cure-dent (m)	Zahnstocher (m)	['tsa:n‚ʃtɔxɐ]
commander (vt)	bestellen (vt)	[bə'ʃtɛlən]
plat (m)	Gericht (n)	[gə'ʀɪçt]
portion (f)	Portion (f)	[pɔʀ'tsjo:n]
hors-d'œuvre (m)	Vorspeise (f)	['fo:ɐ‚ʃpaɪzə]
salade (f)	Salat (m)	[za'la:t]
soupe (f)	Suppe (f)	['zʊpə]
dessert (m)	Nachtisch (m)	['na:x‚tɪʃ]
confiture (f)	Konfitüre (f)	[‚kɔnfi'ty:ʀə]
glace (f)	Eis (n)	[aɪs]
addition (f)	Rechnung (f)	['ʀɛçnʊŋ]
régler l'addition	Rechnung bezahlen	['ʀɛçnʊŋ bə'tsa:lən]
pourboire (m)	Trinkgeld (n)	['tʀɪŋk‚gɛlt]

13. La maison. L'appartement. Partie 1

maison (f)	Haus (n)	[haʊs]
maison (f) de campagne	Landhaus (n)	['lant‚haʊs]

villa (f)	Villa (f)	['vɪla]
étage (m)	Stock (m)	[ʃtɔk]
entrée (f)	Eingang (m)	['aɪnˌgaŋ]
mur (m)	Wand (f)	[vant]
toit (m)	Dach (n)	[daχ]
cheminée (f)	Schlot (m)	[ʃloːt]

grenier (m)	Dachboden (m)	['daχˌboːdən]
fenêtre (f)	Fenster (n)	['fɛnstɐ]
rebord (m)	Fensterbrett (n)	['fɛnstɐˌbʁɛt]
balcon (m)	Balkon (m)	[bal'koːn]

escalier (m)	Treppe (f)	['tʁɛpə]
boîte (f) à lettres	Briefkasten (m)	['bʁiːfˌkastən]
poubelle (f) d'extérieur	Müllkasten (m)	['mʏlˌkastən]
ascenseur (m)	Aufzug (m), Fahrstuhl (m)	['aʊfˌtsuːk], ['faːɐʃtuːl]

électricité (f)	Elektrizität (f)	[elɛktʁitsi'tɛːt]
ampoule (f)	Glühbirne (f)	['glyːˌbɪʁnə]
interrupteur (m)	Schalter (m)	['ʃaltɐ]
prise (f)	Steckdose (f)	['ʃtɛkˌdoːzə]
fusible (m)	Sicherung (f)	['zɪçəʁʊŋ]

porte (f)	Tür (f)	[tyːɐ]
poignée (f)	Griff (m)	[gʁɪf]
clé (f)	Schlüssel (m)	['ʃlʏsəl]
paillasson (m)	Fußmatte (f)	['fuːsˌmatə]

serrure (f)	Schloss (n)	[ʃlɔs]
sonnette (f)	Türklingel (f)	['tyːɐˌklɪŋəl]
coups (m pl) à la porte	Klopfen (n)	['klɔpfən]
frapper (~ à la porte)	anklopfen (vi)	['anˌklɔpfən]
judas (m)	Türspion (m)	['tyːɐˌʃpiˌoːn]

cour (f)	Hof (m)	[hoːf]
jardin (m)	Garten (m)	['gaʁtən]
piscine (f)	Schwimmbad (n)	['ʃvɪmbaːt]
salle (f) de gym	Kraftraum (m)	['kraftˌʁaʊm]
court (m) de tennis	Tennisplatz (m)	['tɛnɪsˌplats]
garage (m)	Garage (f)	[ga'ʁaːʒə]

propriété (f) privée	Privateigentum (n)	[pʁi'vaːtˌʔaɪgəntuːm]
panneau d'avertissement	Warnschild (n)	['vaʁnˌʃɪlt]
sécurité (f)	Bewachung (f)	[bə'vaχʊŋ]
agent (m) de sécurité	Wächter (m)	['vɛçtɐ]

rénovation (f)	Renovierung (f)	[ʁeno'viːʁʊŋ]
faire la rénovation	renovieren (vt)	[ʁeno'viːʁən]
remettre en ordre	in Ordnung bringen	[ɪn 'ɔʁdnʊŋ 'bʁɪŋən]
peindre (des murs)	streichen (vt)	['ʃtʁaɪçən]
papier (m) peint	Tapete (f)	[ta'peːtə]
vernir (vt)	lackieren (vt)	[la'kiːʁən]

tuyau (m)	Rohr (n)	[ʁoːɐ]
outils (m pl)	Werkzeuge (pl)	['vɛʁkˌtsɔɪɡə]
sous-sol (m)	Keller (m)	['kɛlɐ]
égouts (m pl)	Kanalisation (f)	[kanaliza'tsjoːn]

14. La maison. L'appartement. Partie 2

appartement (m)	Wohnung (f)	['voːnʊŋ]
chambre (f)	Zimmer (n)	['tsɪmɐ]
chambre (f) à coucher	Schlafzimmer (n)	['ʃlaːfˌtsɪmɐ]
salle (f) à manger	Esszimmer (n)	['ɛsˌtsɪmɐ]

salon (m)	Wohnzimmer (n)	['voːnˌtsɪmɐ]
bureau (m)	Arbeitszimmer (n)	['aʁbaɪtsˌtsɪmɐ]
antichambre (f)	Vorzimmer (n)	['foːɐˌtsɪmɐ]
salle (f) de bains	Badezimmer (n)	['baːdəˌtsɪmɐ]
toilettes (f pl)	Toilette (f)	[toa'lɛtə]

| plancher (m) | Fußboden (m) | ['fuːsˌboːdən] |
| plafond (m) | Decke (f) | ['dɛkə] |

essuyer la poussière	Staub abwischen	[ʃtaʊp 'apˌvɪʃən]
aspirateur (m)	Staubsauger (m)	['ʃtaʊpˌzaʊɡɐ]
passer l'aspirateur	Staub saugen	[ʃtaʊp 'zaʊɡən]

balai (m) à franges	Schrubber (m)	['ʃʁʊbɐ]
torchon (m)	Lappen (m)	['lapən]
balayette (f) de sorgho	Besen (m)	['beːzən]
pelle (f) à ordures	Kehrichtschaufel (f)	['keːʁɪçtˌʃaʊfəl]
meubles (m pl)	Möbel (n)	['møːbəl]
table (f)	Tisch (m)	[tɪʃ]
chaise (f)	Stuhl (m)	[ʃtuːl]
fauteuil (m)	Sessel (m)	['zɛsəl]

bibliothèque (f) (meuble)	Bücherschrank (m)	['byːçɐˌʃʁaŋk]
rayon (m)	Regal (n)	[ʁe'ɡaːl]
armoire (f)	Schrank (m)	[ʃʁaŋk]

miroir (m)	Spiegel (m)	['ʃpiːɡəl]
tapis (m)	Teppich (m)	['tɛpɪç]
cheminée (f)	Kamin (m)	[ka'miːn]
rideaux (m pl)	Vorhänge (pl)	['foːɐhɛŋə]
lampe (f) de table	Tischlampe (f)	['tɪʃˌlampə]
lustre (m)	Kronleuchter (m)	['kʁoːnˌlɔɪçtɐ]

cuisine (f)	Küche (f)	['kyçə]
cuisinière (f) à gaz	Gasherd (m)	['gaːsˌheːɐt]
cuisinière (f) électrique	Elektroherd (m)	[e'lɛktʁoˌheːɐt]
four (m) micro-ondes	Mikrowellenherd (m)	['mikʁovɛlənˌheːɐt]
réfrigérateur (m)	Kühlschrank (m)	['kyːlˌʃʁaŋk]

congélateur (m)	Tiefkühltruhe (f)	['ti:fky:lˌtʀu:ə]
lave-vaisselle (m)	Geschirrspülmaschine (f)	[gə'ʃɪʁˈʃpy:l·maˌʃi:nə]
robinet (m)	Wasserhahn (m)	['vaseˌha:n]

hachoir (m) à viande	Fleischwolf (m)	['flaɪʃvɔlf]
centrifugeuse (f)	Saftpresse (f)	['zaftˌpʀɛsə]
grille-pain (m)	Toaster (m)	['to:stɐ]
batteur (m)	Mixer (m)	['mɪksɐ]

machine (f) à café	Kaffeemaschine (f)	['kafe·maˌʃi:nə]
bouilloire (f)	Wasserkessel (m)	['vaseˌkɛsəl]
théière (f)	Teekanne (f)	['te:ˌkanə]

téléviseur (m)	Fernseher (m)	['fɛʁnˌze:ɐ]
magnétoscope (m)	Videorekorder (m)	['video·ʀeˌkɔʁdɐ]
fer (m) à repasser	Bügeleisen (n)	['by:gəlˌʔaɪzən]
téléphone (m)	Telefon (n)	[tele'fo:n]

15. Les occupations. Le statut social

directeur (m)	Direktor (m)	[di'ʀɛkto:ɐ]
supérieur (m)	Vorgesetzte (m)	['fo:ɐgəˌzɛtstə]
président (m)	Präsident (m)	[pʀɛzi'dɛnt]
assistant (m)	Helfer (m)	['hɛlfɐ]
secrétaire (m, f)	Sekretär (m)	[zekʀe'tɛ:ɐ]

propriétaire (m)	Besitzer (m)	[bə'zɪtsɐ]
partenaire (m)	Partner (m)	['paʁtnɐ]
actionnaire (m)	Aktionär (m)	[aktsjo'nɛ:ɐ]

homme (m) d'affaires	Geschäftsmann (m)	[gə'ʃɛftsˌman]
millionnaire (m)	Millionär (m)	[mɪljo'nɛ:ɐ]
milliardaire (m)	Milliardär (m)	[ˌmɪlɪaʁ'dɛ:ɐ]

acteur (m)	Schauspieler (m)	['ʃauʃpi:lɐ]
architecte (m)	Architekt (m)	[aʁçi'tɛkt]
banquier (m)	Bankier (m)	[baŋ'kɪe:]
courtier (m)	Makler (m)	['ma:klɐ]
vétérinaire (m)	Tierarzt (m)	['ti:ɐˌʔaʁtst]
médecin (m)	Arzt (m)	[aʁtst]
femme (f) de chambre	Zimmermädchen (n)	['tsɪmeˌmɛ:tçən]
designer (m)	Designer (m)	[di'zaɪnɐ]
correspondant (m)	Korrespondent (m)	[kɔʀɛspon'dɛnt]
livreur (m)	Ausfahrer (m)	['ausˌfa:ʀɐ]

électricien (m)	Elektriker (m)	[ˌe'lɛktʀikɐ]
musicien (m)	Musiker (m)	['mu:zikɐ]
baby-sitter (m, f)	Kinderfrau (f)	['kɪndeˌfʀau]
coiffeur (m)	Friseur (m)	[fʀi'zø:ɐ]
berger (m)	Hirt (m)	[hɪʁt]

chanteur (m)	Sänger (m)	['zɛŋɐ]
traducteur (m)	Übersetzer (m)	[ˌyːbɛ'zɛtsɐ]
écrivain (m)	Schriftsteller (m)	['ʃʀɪftˌʃtɛlɐ]
charpentier (m)	Zimmermann (m)	['tsɪmɐˌman]
cuisinier (m)	Koch (m)	[kɔχ]

pompier (m)	Feuerwehrmann (m)	['fɔɪɐveːɐˌman]
policier (m)	Polizist (m)	[poli'tsɪst]
facteur (m)	Briefträger (m)	['bʀiːfˌtʀɛːgɐ]
programmeur (m)	Programmierer (m)	[pʀogʀa'miːʀɐ]
vendeur (m)	Verkäufer (m)	[fɛɐ'kɔɪfɐ]

ouvrier (m)	Arbeiter (m)	['aʁbaɪtɐ]
jardinier (m)	Gärtner (m)	['gɛʁtnɐ]
plombier (m)	Klempner (m)	['klɛmpnɐ]
stomatologue (m)	Zahnarzt (m)	['tsaːnˌʔaʁtst]
hôtesse (f) de l'air	Flugbegleiterin (f)	['fluːk·bəˌglaɪtəʀɪn]

danseur (m)	Tänzer (m)	['tɛntsɐ]
garde (m) du corps	Leibwächter (m)	['laɪpˌvɛçtɐ]
savant (m)	Wissenschaftler (m)	['vɪsənˌʃaftlɐ]
professeur (m)	Lehrer (m)	['leːʀɐ]

fermier (m)	Farmer (m)	['faʁmɐ]
chirurgien (m)	Chirurg (m)	[çi'ʀuʁk]
mineur (m)	Bergarbeiter (m)	['bɛʁk?aʁˌbaɪtɐ]
cuisinier (m) en chef	Chefkoch (m)	['ʃɛfˌkɔχ]
chauffeur (m)	Fahrer (m)	['faːʀɐ]

16. Le sport

type (m) de sport	Sportart (f)	['ʃpɔʁt?aːɐt]
football (m)	Fußball (m)	['fuːsbal]
hockey (m)	Eishockey (n)	['aɪsˌhɔki]
basket-ball (m)	Basketball (m)	['baːskɛtbal]
base-ball (m)	Baseball (m, n)	['bɛɪsbɔːl]

volley-ball (m)	Volleyball (m)	['vɔliˌbal]
boxe (f)	Boxen (n)	['bɔksən]
lutte (f)	Ringen (n)	['ʀɪŋən]
tennis (m)	Tennis (n)	['tɛnɪs]
natation (f)	Schwimmen (n)	['ʃvɪmən]

échecs (m pl)	Schach (n)	[ʃaχ]
course (f)	Lauf (m)	[laʊf]
athlétisme (m)	Leichtathletik (f)	['laɪçt?atˌleːtik]
patinage (m) artistique	Eiskunstlauf (m)	['aɪskʊnstˌlaʊf]
cyclisme (m)	Radfahren (n)	['ʀaːtˌfaːʀən]
billard (m)	Billard (n)	['bɪljaʁt]
bodybuilding (m)	Bodybuilding (n)	['bɔdiˌbɪldɪŋ]

golf (m)	**Golf** (n)	[gɔlf]
plongée (f)	**Tauchen** (n)	['tauχən]
voile (f)	**Segelsport** (m)	['ze:gəlˌʃpoʁt]
tir (m) à l'arc	**Bogenschießen** (n)	['bo:gənˌʃi:sən]
mi-temps (f)	**Halbzeit** (f)	['halpˌtsaɪt]
mi-temps (f) (pause)	**Halbzeit** (f), **Pause** (f)	['halpˌtsaɪt], ['pauzə]
match (m) nul	**Unentschieden** (n)	['ʊnʔɛntʃi:dən]
faire match nul	**unentschieden spielen**	['ʊnʔɛntʃi:dən 'ʃpi:lən]
tapis (m) roulant	**Laufband** (n)	['laufˌbant]
joueur (m)	**Spieler** (m)	['ʃpi:lɐ]
remplaçant (m)	**Ersatzspieler** (m)	[ɛʁ'zatsˌʃpi:lɐ]
banc (m) des remplaçants	**Ersatzbank** (f)	[ɛʁ'zatsˌbaŋk]
match (m)	**Spiel** (n)	[ʃpi:l]
but (m)	**Tor** (n)	[to:ɐ]
gardien (m) de but	**Torwart** (m)	['to:ɐˌvaʁt]
but (m)	**Tor** (n)	[to:ɐ]
Jeux (m pl) olympiques	**Olympische Spiele** (pl)	[o'lʏmpɪʃə 'ʃpi:lə]
établir un record	**einen Rekord aufstellen**	['aɪnən ʁe'kɔʁt 'aufˌʃtɛlən]
finale (f)	**Finale** (f)	[fi'na:lə]
champion (m)	**Meister** (m)	['maɪstɐ]
championnat (m)	**Meisterschaft** (f)	['maɪstɐˌʃaft]
gagnant (m)	**Sieger** (m)	['zi:gɐ]
victoire (f)	**Sieg** (m)	[zi:k]
gagner (vi)	**gewinnen** (vt)	[gə'vɪnən]
perdre (vi)	**verlieren** (vt)	[fɛʁ'li:ʁən]
médaille (f)	**Medaille** (f)	[me'daljə]
première place (f)	**der erste Platz**	[de:ɐ 'ɛʁstə plats]
deuxième place (f)	**der zweite Platz**	[de:ɐ 'tsvaɪtə plats]
troisième place (f)	**der dritte Platz**	[de:ɐ 'dʁɪtə plats]
stade (m)	**Stadion** (n)	['ʃta:djɔn]
supporteur (m)	**Fan** (m)	[fɛn]
entraîneur (m)	**Trainer** (m)	['tʁɛ:nɐ]
entraînement (m)	**Training** (n)	['tʁɛ:nɪŋ]

17. Les langues étrangères. L'orthographe

langue (f)	**Sprache** (f)	['ʃpʁa:χə]
étudier (vt)	**studieren** (vt)	[ʃtu'di:ʁən]
prononciation (f)	**Aussprache** (f)	['ausˌʃpʁa:χə]
accent (m)	**Akzent** (m)	[ak'tsɛnt]
nom (m)	**Substantiv** (n)	['zʊpstanti:f]
adjectif (m)	**Adjektiv** (n)	['atjɛkti:f]

| verbe (m) | **Verb** (n) | [vɛʁp] |
| adverbe (m) | **Adverb** (n) | [at'vɛʁp] |

pronom (m)	**Pronomen** (n)	[pʁo'no:mən]
interjection (f)	**Interjektion** (f)	[ˌɪntɛjɛk'tsjo:n]
préposition (f)	**Präposition** (f)	[pʁɛpozi'tsjo:n]

racine (f)	**Wurzel** (f)	['vuʁtsəl]
terminaison (f)	**Endung** (f)	['ɛndʊŋ]
préfixe (m)	**Vorsilbe** (f)	['fo:ɐ̯ˌzɪlbə]
syllabe (f)	**Silbe** (f)	['zɪlbə]
suffixe (m)	**Suffix** (n), **Nachsilbe** (f)	['zʊfɪks], ['na:χˌzɪlbə]

accent (m) tonique	**Betonung** (f)	[bə'to:nʊŋ]
point (m)	**Punkt** (m)	[pʊŋkt]
virgule (f)	**Komma** (n)	['kɔma]
deux-points (m)	**Doppelpunkt** (m)	['dɔpəlˌpʊŋkt]
points (m pl) de suspension	**Auslassungspunkte** (pl)	['aʊslasʊŋsˌpʊŋktə]

question (f)	**Frage** (f)	['fʁa:gə]
point (m) d'interrogation	**Fragezeichen** (n)	['fʁa:gəˌtsaɪçən]
point (m) d'exclamation	**Ausrufezeichen** (n)	['aʊsʁu:fəˌtsaɪçən]

entre guillemets	**in Anführungszeichen**	[ɪn 'anfy:ʁʊŋsˌtsaɪçən]
entre parenthèses	**in Klammern**	[ɪn 'klamɐn]
lettre (f)	**Buchstabe** (m)	['bu:χˌʃta:bə]
majuscule (f)	**Großbuchstabe** (m)	['gʁo:sbu:χˌʃta:bə]

proposition (f)	**Satz** (m)	[zats]
groupe (m) de mots	**Wortverbindung** (f)	['vɔʁtfɛɐ̯ˌbɪndʊŋ]
expression (f)	**Redensart** (f)	['ʁe:dənsˌʔa:ɐ̯t]

sujet (m)	**Subjekt** (n)	['zʊpjɛkt]
prédicat (m)	**Prädikat** (n)	[pʁɛdi'ka:t]
ligne (f)	**Zeile** (f)	['tsaɪlə]
paragraphe (m)	**Absatz** (m)	['apˌzats]

synonyme (m)	**Synonym** (n)	[zyno'ny:m]
antonyme (m)	**Antonym** (n)	[anto'ny:m]
exception (f)	**Ausnahme** (f)	['aʊsˌna:mə]
souligner (vt)	**unterstreichen** (vt)	[ˌʊntɐ'ʃtʁaɪçən]

règles (f pl)	**Regeln** (pl)	['ʁe:gəln]
grammaire (f)	**Grammatik** (f)	[gʁa'matɪk]
vocabulaire (m)	**Vokabular** (n)	[vokabu'la:ɐ̯]
phonétique (f)	**Phonetik** (f)	[fo:'ne:tɪk]
alphabet (m)	**Alphabet** (n)	[alfa'be:t]

manuel (m)	**Lehrbuch** (n)	['le:ɐ̯ˌbu:χ]
dictionnaire (m)	**Wörterbuch** (n)	['vœʁtɐˌbu:χ]
guide (m) de conversation	**Sprachführer** (m)	['ʃpʁa:χˌfy:ʁɐ]
mot (m)	**Wort** (n)	[vɔʁt]

sens (m)	Bedeutung (f)	[bə'dɔɪtʊŋ]
mémoire (f)	Gedächtnis (n)	[gə'dɛçtnɪs]

18. La Terre. La géographie

Terre (f)	Erde (f)	['e:ɐdə]
globe (m) terrestre	Erdkugel (f)	['e:ɐt·ku:gəl]
planète (f)	Planet (m)	[pla'ne:t]
géographie (f)	Geographie (f)	[ˌgeogʀa'fi:]
nature (f)	Natur (f)	[na'tu:ɐ]
carte (f)	Landkarte (f)	['lant̩kaɐtə]
atlas (m)	Atlas (m)	['atlas]
au nord	im Norden	[ɪm 'nɔʀdən]
au sud	im Süden	[ɪm 'zy:dən]
à l'occident	im Westen	[ɪm 'vɛstən]
à l'orient	im Osten	[ɪm 'ɔstən]
mer (f)	Meer (n), See (f)	[me:ɐ], [ze:]
océan (m)	Ozean (m)	['o:tsea:n]
golfe (m)	Golf (m)	[gɔlf]
détroit (m)	Meerenge (f)	['me:ɐˌʔɛŋə]
continent (m)	Kontinent (m)	['kɔntinɛnt]
île (f)	Insel (f)	['ɪnzəl]
presqu'île (f)	Halbinsel (f)	['halpˌʔɪnzəl]
archipel (m)	Archipel (m)	[ˌaʀçi'pe:l]
port (m)	Hafen (m)	['ha:fən]
récif (m) de corail	Korallenriff (n)	[ko'ʀalənˌʀɪf]
littoral (m)	Ufer (n)	['u:fɐ]
côte (f)	Küste (f)	['kʏstə]
marée (f) haute	Flut (f)	[flu:t]
marée (f) basse	Ebbe (f)	['ɛbə]
latitude (f)	Breite (f)	['bʀaɪtə]
longitude (f)	Länge (f)	['lɛŋə]
parallèle (f)	Breitenkreis (m)	['bʀaɪtən·kʀaɪs]
équateur (m)	Äquator (m)	[ɛ'kva:to:ɐ]
ciel (m)	Himmel (m)	['hɪməl]
horizon (m)	Horizont (m)	[hoʀi'tsɔnt]
atmosphère (f)	Atmosphäre (f)	[ʔatmo'sfɛ:ʀə]
montagne (f)	Berg (m)	[bɛʀk]
sommet (m)	Gipfel (m)	['gɪpfəl]
rocher (m)	Fels (m)	[fɛls]
colline (f)	Hügel (m)	['hy:gəl]

volcan (m)	Vulkan (m)	[vʊl'kaːn]
glacier (m)	Gletscher (m)	['glɛtʃɐ]
chute (f) d'eau	Wasserfall (m)	['vasɐˌfal]
plaine (f)	Ebene (f)	['eːbənə]

rivière (f), fleuve (m)	Fluss (m)	[flʊs]
source (f)	Quelle (f)	['kvɛlə]
rive (f)	Ufer (n)	['uːfɐ]
en aval	stromabwärts	['ʃtʀoːmˌapvɛʁts]
en amont	stromaufwärts	['ʃtʀoːmˌaʊfvɛʁts]

lac (m)	See (m)	[zeː]
barrage (m)	Damm (m)	[dam]
canal (m)	Kanal (m)	[ka'naːl]
marais (m)	Sumpf (m), Moor (n)	[zʊmpf], [moːɐ]
glace (f)	Eis (n)	[aɪs]

19. Les pays du monde. Partie 1

Europe (f)	Europa (n)	[ɔɪ'ʀoːpa]
Union (f) européenne	Europäische Union (f)	[ˌɔɪʀo'pɛːɪʃə ʔu'njoːn]
européen (m)	Europäer (m)	[ˌɔɪʀo'pɛːɐ]
européen (adj)	europäisch	[ˌɔɪʀo'pɛːɪʃ]

Autriche (f)	Österreich (n)	['øːstəʀaɪç]
Grande-Bretagne (f)	Großbritannien (n)	[gʀoːsˈbʀiˈtaniən]
Angleterre (f)	England (n)	['ɛŋlant]
Belgique (f)	Belgien (n)	['bɛlgiən]
Allemagne (f)	Deutschland (n)	['dɔɪtʃlant]

Pays-Bas (m)	Niederlande (f)	['niːdɐˌlandə]
Hollande (f)	Holland (n)	['hɔlant]
Grèce (f)	Griechenland (n)	['gʀiːçənˌlant]
Danemark (m)	Dänemark (n)	['dɛːnəˌmaʁk]
Irlande (f)	Irland (n)	['ɪʁlant]

Islande (f)	Island (n)	['iːslant]
Espagne (f)	Spanien (n)	['ʃpaːniən]
Italie (f)	Italien (n)	[i'taːliən]
Chypre (m)	Zypern (n)	['tsyːpɐn]
Malte (f)	Malta (n)	['malta]

Norvège (f)	Norwegen (n)	['nɔʁˌveːgən]
Portugal (m)	Portugal (n)	['pɔʁtugal]
Finlande (f)	Finnland (n)	['fɪnlant]
France (f)	Frankreich (n)	['fʀaŋkʀaɪç]
Suède (f)	Schweden (n)	['ʃveːdən]

| Suisse (f) | Schweiz (f) | [ʃvaɪts] |
| Écosse (f) | Schottland (n) | ['ʃɔtlant] |

Vatican (m)	Vatikan (m)	[vati'kaːn]
Liechtenstein (m)	Liechtenstein (n)	['lɪçtənˌʃtaɪn]
Luxembourg (m)	Luxemburg (n)	['lʊksəmˌbʊʁk]

Monaco (m)	Monaco (n)	[mo'nako]
Albanie (f)	Albanien (n)	[al'baːniən]
Bulgarie (f)	Bulgarien (n)	[bʊl'gaːʁiən]
Hongrie (f)	Ungarn (n)	['ʊŋgaʁn]
Lettonie (f)	Lettland (n)	['lɛtlant]

Lituanie (f)	Litauen (n)	['lɪtaʊən]
Pologne (f)	Polen (n)	['poːlən]
Roumanie (f)	Rumänien (n)	[ʁu'mɛːniən]
Serbie (f)	Serbien (n)	['zɛʁbiən]
Slovaquie (f)	Slowakei (f)	[slova'kaɪ]

Croatie (f)	Kroatien (n)	[kʁo'aːtsiən]
République (f) Tchèque	Tschechien (n)	['tʃɛçiən]
Estonie (f)	Estland (n)	['ɛstlant]
Bosnie (f)	Bosnien und Herzegowina (n)	['bosniən ʊnt ˌhɛʁtsə'govinaː]
Macédoine (f)	Makedonien (n)	[makə'doːniən]

Slovénie (f)	Slowenien (n)	[slo've:niən]
Monténégro (m)	Montenegro (n)	[monte'ne:gʁo]
Biélorussie (f)	Weißrussland (n)	['vaɪsˌʁʊslant]
Moldavie (f)	Moldawien (n)	[mɔl'daːviən]
Russie (f)	Russland (n)	['ʁʊslant]
Ukraine (f)	Ukraine (f)	[ˌukʁa'iːnə]

20. Les pays du monde. Partie 2

Asie (f)	Asien (n)	['aːziən]
Vietnam (m)	Vietnam (n)	[vɪɛt'nam]
Inde (f)	Indien (n)	['ɪndiən]
Israël (m)	Israel (n)	['ɪsʁaeːl]
Chine (f)	China (n)	['çiːna]

Liban (m)	Libanon (m, n)	['liːbanon]
Mongolie (f)	Mongolei (f)	[ˌmɔŋgo'laɪ]
Malaisie (f)	Malaysia (n)	[ma'laɪzɪa]
Pakistan (m)	Pakistan (n)	['paːkɪstaːn]
Arabie (f) Saoudite	Saudi-Arabien (n)	[ˌzaʊdiʔa'ʁaːbiən]

Thaïlande (f)	Thailand (n)	['taɪlant]
Taïwan (m)	Taiwan (n)	[taɪ'vaːn]
Turquie (f)	Türkei (f)	[tʏʁ'kaɪ]
Japon (m)	Japan (n)	['jaːpan]
Afghanistan (m)	Afghanistan (n)	[af'gaːnɪstaːn]
Bangladesh (m)	Bangladesch (n)	[ˌbaŋgla'dɛʃ]

Indonésie (f)	Indonesien (n)	[ɪndo'neːzɪən]
Jordanie (f)	Jordanien (n)	[jɔʁ'daːnɪən]
Iraq (m)	Irak (m, n)	[i'ʀaːk]
Iran (m)	Iran (m, n)	[i'ʀaːn]

Cambodge (m)	Kambodscha (n)	[kam'bɔdʒa]
Koweït (m)	Kuwait (n)	[ku'vaɪt]
Laos (m)	Laos (n)	['laːɔs]
Myanmar (m)	Myanmar (n)	['mɪanmaːɐ]
Népal (m)	Nepal (n)	['neːpal]

Fédération (f) des Émirats Arabes Unis	Vereinigten Arabischen Emirate (pl)	[fɛɐ'ʔaɪnɪɡən a'ʀaːbɪʃən emi'ʀaːtə]
Syrie (f)	Syrien (n)	['zyːʀɪən]
Palestine (f)	Palästina (n)	[palɛs'tiːna]
Corée (f) du Sud	Südkorea (n)	['zyːtko'ʀeːa]
Corée (f) du Nord	Nordkorea (n)	['nɔʁt·ko'ʀeːa]

Les États Unis	Die Vereinigten Staaten	[di fɛɐ'ʔaɪnɪçtən 'ʃtaːtən]
Canada (m)	Kanada (n)	['kanada]
Mexique (m)	Mexiko (n)	['mɛksiko:]
Argentine (f)	Argentinien (n)	[ˌaʁɡɛn'tiːnɪən]
Brésil (m)	Brasilien (n)	[bʀa'ziːlɪən]

Colombie (f)	Kolumbien (n)	[ko'lʊmbɪən]
Cuba (f)	Kuba (n)	['kuːba]
Chili (m)	Chile (n)	['tʃiːlə]
Venezuela (f)	Venezuela (n)	[ˌvene'tsueːla]
Équateur (m)	Ecuador (n)	[ˌekua'doːɐ]

Bahamas (f pl)	Die Bahamas	[di ba'haːmaːs]
Panamá (m)	Panama (n)	['panamaː]
Égypte (f)	Ägypten (n)	[ɛ'ɡʏptən]
Maroc (m)	Marokko (n)	[ˌma'ʀɔko]
Tunisie (f)	Tunesien (n)	[tu'neːzɪən]

Kenya (m)	Kenia (n)	['keːnia]
Libye (f)	Libyen (n)	['liːbyən]
République (f) Sud-africaine	Republik Südafrika (f)	[ʀepu'bliːk zyːt,ʔaːfʀika]

| Australie (f) | Australien (n) | [aʊs'tʀaːlɪən] |
| Nouvelle Zélande (f) | Neuseeland (n) | [nɔɪ'zeːlant] |

21. Le temps. Les catastrophes naturelles

temps (m)	Wetter (n)	['vɛtɐ]
météo (f)	Wetterbericht (m)	['vɛtɐbə,ʀɪçt]
température (f)	Temperatur (f)	[tɛmpəʀa'tuːɐ]
thermomètre (m)	Thermometer (n)	[tɛʁmo'meːtɐ]

baromètre (m)	Barometer (n)	[baro'me:tɐ]
soleil (m)	Sonne (f)	['zɔnə]
briller (soleil)	scheinen (vi)	['ʃaɪnən]
ensoleillé (jour ~)	sonnig	['zɔnɪç]
se lever (vp)	aufgehen (vi)	['aʊf,ge:ən]
se coucher (vp)	untergehen (vi)	['ʊntɐ,ge:ən]
pluie (f)	Regen (m)	['ʀe:gən]
il pleut	Es regnet	[ɛs 'ʀe:gnət]
pluie (f) torrentielle	strömender Regen (m)	['ʃtʀø:məntdə 'ʀe:gən]
nuée (f)	Regenwolke (f)	['ʀe:gən,vɔlkə]
flaque (f)	Pfütze (f)	['pfʏtsə]
se faire mouiller	nass werden (vi)	[nas 've:ɐdən]
orage (m)	Gewitter (n)	[gə'vɪtɐ]
éclair (m)	Blitz (m)	[blɪts]
éclater (foudre)	blitzen (vi)	['blɪtsən]
tonnerre (m)	Donner (m)	['dɔnɐ]
le tonnerre gronde	Es donnert	[ɛs 'dɔnɐt]
grêle (f)	Hagel (m)	['ha:gəl]
il grêle	Es hagelt	[ɛs 'ha:gəlt]
chaleur (f) (canicule)	Hitze (f)	['hɪtsə]
il fait très chaud	ist heiß	[ist haɪs]
il fait chaud	ist warm	[ist vaʀm]
il fait froid	ist kalt	[ist kalt]
brouillard (m)	Nebel (m)	['ne:bəl]
brumeux (adj)	neblig	['ne:blɪç]
nuage (m)	Wolke (f)	['vɔlkə]
nuageux (adj)	bewölkt	[bə'vœlkt]
humidité (f)	Feuchtigkeit (f)	['fɔɪçtɪçkaɪt]
neige (f)	Schnee (m)	[ʃne:]
il neige	Es schneit	[ɛs 'ʃnaɪt]
gel (m)	Frost (m)	[fʀɔst]
au-dessous de zéro	unter Null	['ʊntɐ 'nʊl]
givre (m)	Reif (m)	[ʀaɪf]
intempéries (f pl)	Unwetter (n)	['ʊn,vɛtɐ]
catastrophe (f)	Katastrophe (f)	[,katas'tʀo:fə]
inondation (f)	Überschwemmung (f)	[y:bɐ'ʃvɛmʊŋ]
avalanche (f)	Lawine (f)	[la'vi:nə]
tremblement (m) de terre	Erdbeben (n)	['e:ɐt,be:bən]
secousse (f)	Erschütterung (f)	[ɛɐ'ʃʏtəʀʊŋ]
épicentre (m)	Epizentrum (n)	[,epi'tsɛntʀʊm]
éruption (f)	Ausbruch (m)	['aʊs,bʀʊx]
lave (f)	Lava (f)	['la:va]
tornade (f)	Tornado (m)	[tɔʀ'na:do]
tourbillon (m)	Wirbelsturm (m)	['vɪʀbəl,ʃtʊʀm]

ouragan (m)	Orkan (m)	[ɔʁ'kaːn]
tsunami (m)	Tsunami (m)	[tsu'naːmi]
cyclone (m)	Zyklon (m)	[tsy'kloːn]

22. Les animaux. Partie 1

| animal (m) | Tier (n) | [tiːɐ] |
| prédateur (m) | Raubtier (n) | ['ʁaʊptiːɐ] |

tigre (m)	Tiger (m)	['tiːgɐ]
lion (m)	Löwe (m)	['løːvə]
loup (m)	Wolf (m)	[vɔlf]
renard (m)	Fuchs (m)	[fʊks]
jaguar (m)	Jaguar (m)	['jaːguaːɐ]

lynx (m)	Luchs (m)	[lʊks]
coyote (m)	Kojote (m)	[ko'joːtə]
chacal (m)	Schakal (m)	[ʃa'kaːl]
hyène (f)	Hyäne (f)	['hyɛːnə]

écureuil (m)	Eichhörnchen (n)	['aɪçˌhœʁnçən]
hérisson (m)	Igel (m)	['iːgəl]
lapin (m)	Kaninchen (n)	[ka'niːnçən]
raton (m)	Waschbär (m)	['vaʃˌbɛːɐ]

hamster (m)	Hamster (m)	['hamstɐ]
taupe (f)	Maulwurf (m)	['maʊlˌvʊʁf]
souris (f)	Maus (f)	[maʊs]
rat (m)	Ratte (f)	['ʁatə]
chauve-souris (f)	Fledermaus (f)	['fleːdɐˌmaʊs]

castor (m)	Biber (m)	['biːbɐ]
cheval (m)	Pferd (m)	[pfeːɐt]
cerf (m)	Hirsch (m)	[hɪʁʃ]
chameau (m)	Kamel (n)	[ka'meːl]
zèbre (m)	Zebra (n)	['tseːbʁa]

baleine (f)	Wal (m)	[vaːl]
phoque (m)	Seehund (m)	['zeːˌhʊnt]
morse (m)	Walroß (n)	['vaːlˌʁɔs]
dauphin (m)	Delfin (m)	[dɛl'fiːn]

ours (m)	Bär (m)	[bɛːɐ]
singe (m)	Affe (m)	['afə]
éléphant (m)	Elefant (m)	[ele'fant]
rhinocéros (m)	Nashorn (n)	['naːsˌhɔʁn]
girafe (f)	Giraffe (f)	[ˌgi'ʁafə]

| hippopotame (m) | Flusspferd (n) | ['flʊsˌpfeːɐt] |
| kangourou (m) | Känguru (n) | ['kɛŋguʁu] |

| chat (m) (femelle) | **Katze** (f) | ['katsə] |
| chien (m) | **Hund** (m) | [hʊnt] |

vache (f)	**Kuh** (f)	[kuː]
taureau (m)	**Stier** (m)	[ʃtiːɐ]
brebis (f)	**Schaf** (n)	[ʃaːf]
chèvre (f)	**Ziege** (f)	['tsiːgə]

âne (m)	**Esel** (m)	['eːzəl]
cochon (m)	**Schwein** (n)	[ʃvaɪn]
poule (f)	**Huhn** (n)	[huːn]
coq (m)	**Hahn** (m)	[haːn]

canard (m)	**Ente** (f)	['ɛntə]
oie (f)	**Gans** (f)	[gans]
dinde (f)	**Pute** (f)	['puːtə]
berger (m)	**Schäferhund** (m)	['ʃɛːfɐˌhʊnt]

23. Les animaux. Partie 2

oiseau (m)	**Vogel** (m)	['foːgəl]
pigeon (m)	**Taube** (f)	['taʊbə]
moineau (m)	**Spatz** (m)	[ʃpats]
mésange (f)	**Meise** (f)	['maɪzə]
pie (f)	**Elster** (f)	['ɛlstɐ]

aigle (m)	**Adler** (m)	['aːdlɐ]
épervier (m)	**Habicht** (m)	['haːbɪçt]
faucon (m)	**Falke** (m)	['falkə]

cygne (m)	**Schwan** (m)	[ʃvaːn]
grue (f)	**Kranich** (m)	['kʀaːnɪç]
cigogne (f)	**Storch** (m)	[ʃtɔʁç]
perroquet (m)	**Papagei** (m)	[papaˈgaɪ]
paon (m)	**Pfau** (m)	[pfaʊ]
autruche (f)	**Strauß** (m)	[ʃtʀaʊs]

héron (m)	**Reiher** (m)	['ʀaɪɐ]
rossignol (m)	**Nachtigall** (f)	['naxtɪgal]
hirondelle (f)	**Schwalbe** (f)	['ʃvalbə]
pivert (m)	**Specht** (m)	[ʃpɛçt]
coucou (m)	**Kuckuck** (m)	['kʊkʊk]
chouette (f)	**Eule** (f)	['ɔɪlə]

pingouin (m)	**Pinguin** (m)	['pɪŋguiːn]
thon (m)	**Tunfisch** (m)	['tuːnfɪʃ]
truite (f)	**Forelle** (f)	[ˌfoˈʀɛlə]
anguille (f)	**Aal** (m)	[aːl]
requin (m)	**Hai** (m)	[haɪ]
crabe (m)	**Krabbe** (f)	['kʀabə]

| méduse (f) | Meduse (f) | [me'du:zə] |
| pieuvre (f), poulpe (m) | Krake (m) | ['kʀa:kə] |

étoile (f) de mer	Seestern (m)	['ze:ˌʃtɛʀn]
oursin (m)	Seeigel (m)	['ze:ˌʔi:gəl]
hippocampe (m)	Seepferdchen (n)	['ze:ˌpfe:ɐtçən]
crevette (f)	Garnele (f)	[gaʀ'ne:lə]

serpent (m)	Schlange (f)	['ʃlaŋə]
vipère (f)	Viper (f)	['vi:pɐ]
lézard (m)	Eidechse (f)	['aɪdɛksə]
iguane (m)	Leguan (m)	['le:gua:n]
caméléon (m)	Chamäleon (n)	[ka'mɛ:leˌɔn]
scorpion (m)	Skorpion (m)	[skɔʀ'pjo:n]

tortue (f)	Schildkröte (f)	['ʃɪltˌkʀø:tə]
grenouille (f)	Frosch (m)	[fʀɔʃ]
crocodile (m)	Krokodil (n)	[kʀoko'di:l]
insecte (m)	Insekt (n)	[ɪn'zɛkt]
papillon (m)	Schmetterling (m)	['ʃmɛtelɪŋ]
fourmi (f)	Ameise (f)	['a:maɪzə]
mouche (f)	Fliege (f)	['fli:gə]

moustique (m)	Mücke (f)	['mʏkə]
scarabée (m)	Käfer (m)	['kɛ:fɐ]
abeille (f)	Biene (f)	['bi:nə]
araignée (f)	Spinne (f)	['ʃpɪnə]
coccinelle (f)	Marienkäfer (m)	[ma'ʀi:ənˌkɛ:fɐ]

24. La flore. Les arbres

arbre (m)	Baum (m)	[baʊm]
bouleau (m)	Birke (f)	['bɪʀkə]
chêne (m)	Eiche (f)	['aɪçə]
tilleul (m)	Linde (f)	['lɪndə]
tremble (m)	Espe (f)	['ɛspə]

érable (m)	Ahorn (m)	['a:hɔʀn]
épicéa (m)	Fichte (f)	['fɪçtə]
pin (m)	Kiefer (f)	['ki:fɐ]
cèdre (m)	Zeder (f)	['tse:dɐ]

peuplier (m)	Pappel (f)	['papəl]
sorbier (m)	Vogelbeerbaum (m)	['fo:gəlbe:ɐˌbaʊm]
hêtre (m)	Buche (f)	['bu:χə]
orme (m)	Ulme (f)	['ʊlmə]

frêne (m)	Esche (f)	['ɛʃə]
marronnier (m)	Kastanie (f)	[kas'ta:niə]
palmier (m)	Palme (f)	['palmə]

buisson (m)	**Strauch** (m)	[ʃtʀaʊχ]
champignon (m)	**Pilz** (m)	[pɪlts]
champignon (m) vénéneux	**Giftpilz** (m)	['gɪft‚pɪlts]
cèpe (m)	**Steinpilz** (m)	['ʃtaɪn‚pɪlts]
russule (f)	**Täubling** (m)	['tɔyplɪŋ]
amanite (f) tue-mouches	**Fliegenpilz** (m)	['fliːgən‚pɪlts]
oronge (f) verte	**Grüner Knollenblätterpilz** (m)	['gʀyːnɐ 'knɔlən·blɛtə‚pɪlts]
fleur (f)	**Blume** (f)	['bluːmə]
bouquet (m)	**Blumenstrauß** (m)	['bluːmənʃtʀaʊs]
rose (f)	**Rose** (f)	['ʀoːzə]
tulipe (f)	**Tulpe** (f)	['tʊlpə]
oeillet (m)	**Nelke** (f)	['nɛlkə]
marguerite (f)	**Kamille** (f)	[ka'mɪlə]
cactus (m)	**Kaktus** (m)	['kaktʊs]
muguet (m)	**Maiglöckchen** (n)	['maɪ‚glœkçən]
perce-neige (f)	**Schneeglöckchen** (n)	['ʃneːglœkçən]
nénuphar (m)	**Seerose** (f)	['zeː‚ʀoːzə]
serre (f) tropicale	**Gewächshaus** (n)	[gə'vɛks‚haʊs]
gazon (m)	**Rasen** (m)	['ʀaːzən]
parterre (m) de fleurs	**Blumenbeet** (n)	['bluːməən·beːt]
plante (f)	**Pflanze** (f)	['pflantsə]
herbe (f)	**Gras** (n)	[gʀaːs]
feuille (f)	**Blatt** (n)	[blat]
pétale (m)	**Blütenblatt** (n)	['blyːtən‚blat]
tige (f)	**Stiel** (m)	[ʃtiːl]
pousse (f)	**Jungpflanze** (f)	['jʊŋ‚pflantsə]
céréales (f pl) (plantes)	**Getreidepflanzen** (pl)	[gə'tʀaɪdə‚pflantsən]
blé (m)	**Weizen** (m)	['vaɪtsən]
seigle (m)	**Roggen** (m)	['ʀɔgən]
avoine (f)	**Hafer** (m)	['haːfɐ]
millet (m)	**Hirse** (f)	['hɪʁzə]
orge (f)	**Gerste** (f)	['gɛʁstə]
maïs (m)	**Mais** (m)	['maɪs]
riz (m)	**Reis** (m)	[ʀaɪs]

25. Les mots souvent utilisés

aide (f)	**Hilfe** (f)	['hɪlfə]
arrêt (m) (pause)	**Halt** (m)	[halt]
balance (f)	**Bilanz** (f)	[bi'lants]
base (f)	**Basis** (f)	['baːzɪs]
catégorie (f)	**Kategorie** (f)	[‚kategoˈʀiː]
choix (m)	**Auswahl** (f)	['aʊsvaːl]

coïncidence (f)	**Zufall** (m)	['tsuːˌfal]
comparaison (f)	**Vergleich** (m)	[fɛɐ̯'glaɪç]
début (m)	**Anfang** (m)	['anfaŋ]
degré (m) (~ de liberté)	**Grad** (m)	[gʀaːt]
développement (m)	**Entwicklung** (f)	[ɛnt'vɪklʊŋ]
différence (f)	**Unterschied** (m)	['ʊntɐˌʃiːt]
effet (m)	**Effekt** (m)	[ɛ'fɛkt]
effort (m)	**Anstrengung** (f)	['anˌʃtʀɛŋʊŋ]
élément (m)	**Element** (n)	[ele'mɛnt]
exemple (m)	**Beispiel** (n)	['baɪˌʃpiːl]
fait (m)	**Tatsache** (f)	['taːtˌzaχə]
faute, erreur (f)	**Fehler** (m)	['feːlɐ]
forme (f)	**Form** (f)	[fɔʁm]
idéal (m)	**Ideal** (n)	[ide'aːl]
mode (m) (méthode)	**Weise** (f)	['vaɪzə]
moment (m)	**Moment** (m)	[mo'mɛnt]
obstacle (m)	**Hindernis** (n)	['hɪndɐnɪs]
part (f)	**Anteil** (m)	['anˌtaɪl]
pause (f)	**Pause** (f)	['paʊzə]
position (f)	**Position** (f)	[pozi'tsjoːn]
problème (m)	**Problem** (n)	[pʀo'bleːm]
processus (m)	**Prozess** (m)	[pʀo'tsɛs]
progrès (m)	**Fortschritt** (m)	['fɔʁtˌʃʀɪt]
propriété (f) (qualité)	**Eigenschaft** (f)	['aɪgənʃaft]
réaction (f)	**Reaktion** (f)	[ˌʀeak'tsjoːn]
risque (m)	**Risiko** (n)	['ʀiːziko]
secret (m)	**Geheimnis** (n)	[gə'haɪmnɪs]
série (f)	**Serie** (f)	['zeːʀiə]
situation (f)	**Situation** (f)	[zitua'tsjoːn]
solution (f)	**Lösung** (f)	['løːzʊŋ]
standard (adj)	**Standard-**	['standaʁt]
style (m)	**Stil** (m)	[ʃtiːl]
système (m)	**System** (n)	[zʏs'teːm]
tableau (m) (grille)	**Tabelle** (f)	[ta'bɛlə]
tempo (m)	**Tempo** (n)	['tɛmpo]
terme (m)	**Fachwort** (n)	['faχˌvɔʁt]
tour (m) (attends ton ~)	**Reihe** (f)	['ʀaɪə]
type (m) (~ de sport)	**Art** (f)	[aːɐ̯t]
urgent (adj)	**dringend**	['dʀɪŋənt]
utilité (f)	**Nutzen** (m)	['nʊtsən]
vérité (f)	**Wahrheit** (f)	['vaːɐ̯haɪt]
version (f)	**Variante** (f)	[va'ʀiantə]
zone (f)	**Zone** (f)	['tsoːnə]

26. Les adjectifs. Partie 1

aigre (fruits ~s)	sauer	['zaʊɐ]
amer (adj)	bitter	['bɪtə]
ancien (adj)	alt	[alt]
artificiel (adj)	künstlich	['kʏnstlɪç]
aveugle (adj)	blind	[blɪnt]
bas (voix ~se)	leise	['laɪzə]
beau (homme)	schön	[ʃøːn]
bien affilé (adj)	scharf	[ʃaʁf]
bon (savoureux)	lecker	['lɛkɐ]
bronzé (adj)	gebräunt	[ɡə'bʁɔɪnt]
central (adj)	zentral	[tsɛn'tʁaːl]
clandestin (adj)	Untergrund-	['ʊntɐ‚ɡʁʊnt]
compatible (adj)	kompatibel	[kɔmpa'tiːbəl]
content (adj)	zufrieden	[tsu'fʁiːdən]
continu (usage ~)	andauernd	['an‚daʊɐnt]
court (de taille)	kurz	[kʊʁts]
cru (non cuit)	roh	[ʁoː]
dangereux (adj)	gefährlich	[ɡə'fɛːɐlɪç]
d'enfant (adj)	Kinder-	['kɪndɐ]
dense (brouillard ~)	dicht	[dɪçt]
dernier (final)	der letzte	[deːɐ 'lɛtstə]
difficile (décision)	schwierig	['ʃviːʁɪç]
d'occasion (adj)	gebraucht	[ɡə'bʁaʊχt]
douce (l'eau ~)	Süß-	[zyːs]
droit (pas courbe)	gerade	[ɡə'ʁaːdə]
droit (situé à droite)	recht	[ʁɛçt]
dur (pas mou)	hart	[haʁt]
étroit (passage, etc.)	eng, schmal	[ɛŋ], [ʃmaːl]
excellent (adj)	ausgezeichnet	['aʊsɡə‚tsaɪçnət]
excessif (adj)	übermäßig	['yːbɐ‚mɛːsɪç]
extérieur (adj)	Außen-, äußer	['aʊsən], ['ɔɪsɐ]
facile (adj)	einfach	['aɪnfaχ]
fertile (le sol ~)	fruchtbar	['fʁʊχtbaːɐ]
fort (homme ~)	stark	[ʃtaʁk]
fort (voix ~e)	laut	[laʊt]
fragile (vaisselle, etc.)	zerbrechlich	[tsɛɐ'bʁɛçlɪç]
gauche (adj)	link	[lɪŋk]
géant (adj)	riesig	['ʁiːzɪç]
grand (dimension)	groß	[ɡʁoːs]
gratuit (adj)	kostenlos, gratis	['kɔstənloːs], ['ɡʁaːtɪs]
heureux (adj)	glücklich	['ɡlʏklɪç]
immobile (adj)	unbeweglich	['ʊnbə‚veːklɪç]

important (adj)	wichtig	['vɪçtɪç]
intelligent (adj)	klug	[klu:k]
intérieur (adj)	innen-	['ɪnən]

légal (adj)	gesetzlich	[gə'zɛtslɪç]
léger (pas lourd)	leicht	[laɪçt]
liquide (adj)	flüssig	['flʏsɪç]
lisse (adj)	glatt	[glat]
long (~ chemin)	lang	[laŋ]

27. Les adjectifs. Partie 2

malade (adj)	krank	[kʀaŋk]
mat (couleur)	matt	[mat]
mauvais (adj)	schlecht	[ʃlɛçt]
mort (adj)	tot	[to:t]
mou (souple)	weich	[vaɪç]

mûr (fruit ~)	reif	[ʀaɪf]
mystérieux (adj)	rätselhaft	['ʀɛ:tsəlˌhaft]
natal (ville, pays)	Heimat-	['haɪma:t]
négatif (adj)	negativ	['ne:gati:f]
neuf (adj)	neu	[nɔɪ]
normal (adj)	normal	[nɔʁ'ma:l]

obligatoire (adj)	obligatorisch, Pflicht-	[ɔbliga'to:ʀɪʃ], [pflɪçt]
opposé (adj)	gegensätzlich	['ge:gənˌzɛtslɪç]
ordinaire (adj)	gewöhnlich	[gə'vø:nlɪç]
original (peu commun)	original	[oʀigi'na:l]
ouvert (adj)	offen	['ɔfən]

parfait (adj)	ausgezeichnet	['aʊsgəˌtsaɪçnət]
pas clair (adj)	undeutlich	['ʊnˌdɔɪtlɪç]
pas difficile (adj)	nicht schwierig	[nɪçt 'ʃvi:ʀɪç]
passé (le mois ~)	vorig	['fo:ʀɪç]
pauvre (adj)	arm	[aʁm]

personnel (adj)	persönlich	[pɛʁ'zø:nlɪç]
petit (adj)	klein	[klaɪn]
peu profond (adj)	seicht	[zaɪçt]
plein (rempli)	voll	[fɔl]
poli (adj)	höflich	['hø:flɪç]
possible (adj)	möglich	['mø:klɪç]

précis, exact (adj)	genau	[gə'naʊ]
principal (adj)	Haupt-	[haʊpt]
principal (idée ~e)	hauptsächlich	['haʊptˌzɛçlɪç]
probable (adj)	wahrscheinlich	[va:ɐ'ʃaɪnlɪç]
propre (chemise ~)	sauber	['zaʊbɐ]
public (adj)	öffentlich	['œfəntlɪç]

rapide (adj)	schnell	[ʃnɛl]
rare (adj)	selten	['zɛltən]
risqué (adj)	riskant	[ʀɪs'kant]
sale (pas propre)	schmutzig	['ʃmʊtsɪç]
similaire (adj)	ähnlich	['ɛ:nlɪç]

solide (bâtiment, etc.)	fest, stark	[fɛst], [ʃtaʁk]
spacieux (adj)	geräumig	[gə'ʀɔɪmɪç]
spécial (adj)	speziell, Spezial-	[ʃpe'tsɪɛl], [ʃpe'tsɪa:l]
stupide (adj)	dumm	[dʊm]
sucré (adj)	süß	[zy:s]
suivant (vol ~)	nächst	[nɛ:çst]

supplémentaire (adj)	ergänzend	[ɛɐ'gɛntsənt]
surgelé (produits ~s)	tiefgekühlt	['ti:fgəˌky:lt]
triste (regard ~)	traurig, unglücklich	['tʀaʊʀɪç], ['ʊnˌɡlʏklɪç]
vide (bouteille, etc.)	leer	[le:ɐ]
vieux (bâtiment, etc.)	alt	[alt]

28. Les verbes les plus utilisés. Partie 1

accuser (vt)	anklagen (vt)	['anˌkla:gən]
acheter (vt)	kaufen (vt)	['kaufən]
aider (vt)	helfen (vi)	['hɛlfən]
aimer (qn)	lieben (vt)	['li:bən]
aller (à pied)	gehen (vi)	['ge:ən]
allumer (vt)	einschalten (vt)	['aɪnʃaltən]

annoncer (vt)	ankündigen (vt)	['ankʏndɪgən]
annuler (vt)	abschaffen (vt)	['apʃafən]
appartenir à ...	gehören (vi)	[gə'hø:ʀən]
attendre (vt)	warten (vi)	['vaʁtən]
attraper (vt)	fangen (vt)	['faŋən]
autoriser (vt)	erlauben (vt)	[ɛɐ'laʊbən]

avoir (vt)	haben (vt)	[ha:bən]
avoir confiance	vertrauen (vi)	[fɛɐ'tʀaʊən]
avoir peur	Angst haben	['aŋst 'ha:bən]
battre (frapper)	schlagen (vt)	['ʃla:gən]

boire (vt)	trinken (vt)	['tʀɪŋkən]
cacher (vt)	verstecken (vt)	[fɛɐ'ʃtɛkən]
casser (briser)	brechen (vt)	['bʀɛçən]
cesser (vt)	einstellen (vt)	['aɪnʃtɛlən]
changer (vt)	ändern (vt)	['ɛndən]
chanter (vi)	singen (vt)	['zɪŋən]

chasser (animaux)	jagen (vi)	['ja:gən]
choisir (vt)	wählen (vt)	['vɛ:lən]
commencer (vt)	beginnen (vt)	[bə'gɪnən]

comparer (vt)	vergleichen (vt)	[fɛɐ'glaɪçən]
comprendre (vt)	verstehen (vt)	[fɛɐ'ʃteːən]
compter (dénombrer)	rechnen (vt)	['ʀɛçnən]
compter sur …	auf … zählen	[aʊf … 'tsɛːlən]
confirmer (vt)	bestätigen (vt)	[bə'ʃtɛːtɪgən]
connaître (qn)	kennen (vt)	['kɛnən]
construire (vt)	bauen (vt)	['baʊən]
copier (vt)	kopieren (vt)	[ko'piːʀən]
courir (vi)	laufen (vi)	['laʊfən]
coûter (vt)	kosten (vt)	['kɔstən]
créer (vt)	schaffen (vt)	['ʃafən]
creuser (vt)	graben (vt)	['gʀaːbən]
crier (vi)	schreien (vi)	['ʃʀaɪən]
croire (en Dieu)	glauben (vt)	['glaʊbən]
danser (vi, vt)	tanzen (vi, vt)	['tantsən]
décider (vt)	entscheiden (vt)	[ɛnt'ʃaɪdən]
déjeuner (vi)	zu Mittag essen	[tsu 'mɪtaːk 'ɛsən]
demander (~ l'heure)	fragen (vt)	['fʀaːgən]
dépendre de …	abhängen von …	['apˌhɛŋən fɔn]
déranger (vt)	stören (vt)	['ʃtøːʀən]
dîner (vi)	zu Abend essen	[tsu 'aːbənt 'ɛsən]
dire (vt)	sagen (vt)	['zaːgən]
discuter (vt)	besprechen (vt)	[bə'ʃpʀɛçən]
disparaître (vi)	verschwinden (vi)	[fɛɐ'ʃvɪndən]
divorcer (vi)	sich scheiden lassen	[zɪç 'ʃaɪdən 'lasən]
donner (vt)	geben (vt)	['geːbən]
douter (vt)	zweifeln (vi)	['tsvaɪfəln]

29. Les verbes les plus utilisés. Partie 2

écrire (vt)	schreiben (vi, vt)	['ʃʀaɪbən]
entendre (bruit, etc.)	hören (vt)	['høːʀən]
envoyer (vt)	abschicken (vt)	['apˌʃɪkən]
espérer (vi)	hoffen (vi)	['hɔfən]
essayer (de faire qch)	versuchen (vt)	[fɛɐ'zuːxən]
éteindre (vt)	ausschalten (vt)	['aʊsˌʃaltən]
être absent	fehlen (vi)	['feːlən]
être d'accord	zustimmen (vi)	['tsuːˌʃtɪmən]
être fatigué	müde werden	['myːdə 'veːɐdən]
être pressé	sich beeilen	[zɪç bə'ʔaɪlən]
étudier (vt)	lernen (vt)	['lɛʀnən]
excuser (vt)	entschuldigen (vt)	[ɛnt'ʃʊldɪgən]
exiger (vt)	verlangen (vt)	[fɛɐ'laŋən]
exister (vi)	existieren (vi)	[ɛksɪs'tiːʀən]

expliquer (vt)	erklären (vt)	[ɛɐ'klɛ:ʁən]
faire (vt)	machen (vt)	['maxən]
faire le ménage	aufräumen (vt)	['aʊf‚ʁɔɪmən]
faire tomber	fallen lassen	['falən 'lasən]
féliciter (vt)	gratulieren (vi)	[gʁatu'li:ʁən]
fermer (vt)	schließen (vt)	['ʃli:sən]
finir (vt)	beenden (vt)	[bə'ʔɛndən]
garder (conserver)	aufbewahren (vt)	['aʊfbə‚va:ʁən]
haïr (vt)	hassen (vt)	['hasən]
insister (vi)	bestehen auf	[bə'ʃte:ən aʊf]
insulter (vt)	kränken (vt)	['kʁɛŋkən]
interdire (vt)	verbieten (vt)	[fɛɐ'bi:tən]
inviter (vt)	einladen (vt)	['aɪn‚la:dən]
jouer (s'amuser)	spielen (vi, vt)	['ʃpi:lən]
lire (vi, vt)	lesen (vi, vt)	['le:zən]
louer (prendre en location)	mieten (vt)	['mi:tən]
manger (vi, vt)	essen (vi, vt)	['ɛsən]
manquer (l'école)	versäumen (vt)	[fɛɐ'zɔɪmən]
mépriser (vt)	verachten (vt)	[fɛɐ'ʔaxtən]
montrer (vt)	zeigen (vt)	['tsaɪgən]
mourir (vi)	sterben (vi)	['ʃtɛʁbən]
nager (vi)	schwimmen (vi)	['ʃvɪmən]
naître (vi)	geboren sein	[gə'bo:ʁən zaɪn]
nier (vt)	verneinen (vt)	[fɛɐ'naɪnən]
obéir (vt)	gehorchen (vi)	[gə'hɔʁçən]
oublier (vt)	vergessen (vt)	[fɛɐ'gɛsən]
ouvrir (vt)	öffnen (vt)	['œfnən]

30. Les verbes les plus utilisés. Partie 3

pardonner (vt)	verzeihen (vt)	[fɛɐ'tsaɪən]
parler (vi, vt)	sprechen (vi)	['ʃpʁɛçən]
parler avec ...	sprechen mit ...	['ʃpʁɛçən mɪt]
participer à ...	teilnehmen (vi)	['taɪl‚ne:mən]
payer (régler)	zahlen (vt)	['tsa:lən]
penser (vi, vt)	denken (vi, vt)	['dɛŋkən]
perdre (les clefs, etc.)	verlieren (vt)	[fɛɐ'li:ʁən]
plaire (être apprécié)	gefallen (vi)	[gə'falən]
plaisanter (vi)	Witz machen	[vɪts 'maxən]
pleurer (vi)	weinen (vi)	['vaɪnən]
plonger (vi)	tauchen (vi)	['taʊxən]
pouvoir (v aux)	können (v mod)	['kœnən]
pouvoir (v aux)	können (v mod)	['kœnən]
prendre (vt)	nehmen (vt)	['ne:mən]

prendre le petit déjeuner	**frühstücken** (vi)	['fʀy:ʃtʏkən]
préparer (le dîner)	**zubereiten** (vt)	['tsu:bəˌʀaɪtən]
prévoir (vt)	**voraussehen** (vt)	[fo'ʀaʊsˌze:ən]
prier (~ Dieu)	**beten** (vi)	['be:tən]
promettre (vt)	**versprechen** (vt)	[fɛɐ'ʃpʀɛçən]
proposer (vt)	**vorschlagen** (vt)	['fo:ɐʃla:gən]
prouver (vt)	**beweisen** (vt)	[bə'vaɪzən]
raconter (une histoire)	**erzählen** (vt)	[ɛɐ'tsɛ:lən]
recevoir (vt)	**bekommen** (vt)	[bə'kɔmən]
regarder (vt)	**ansehen** (vt)	['anze:ən]
remercier (vt)	**danken** (vi)	['daŋkən]
répéter (dire encore)	**noch einmal sagen**	[nɔχ 'aɪnma:l 'za:gən]
répondre (vi, vt)	**antworten** (vi)	['antˌvɔʀtən]
réserver (une chambre)	**reservieren** (vt)	[ʀezɛɐ'vi:ʀən]
rompre (relations)	**abbrechen** (vi)	['apˌbʀɛçən]
s'asseoir (vp)	**sich setzen**	[zɪç 'zɛtsən]
sauver (la vie à qn)	**retten** (vt)	['ʀɛtən]
savoir (qch)	**wissen** (vt)	['vɪsən]
se battre (vp)	**sich prügeln**	[zɪç 'pʀy:gəln]
se dépêcher	**sich beeilen**	[zɪç bə'ʔaɪlən]
se plaindre (vp)	**klagen** (vi)	['kla:gən]
se rencontrer (vp)	**sich treffen**	[zɪç 'tʀɛfən]
se tromper (vp)	**sich irren**	[zɪç 'ɪʀən]
sécher (vt)	**trocknen** (vt)	['tʀɔknən]
s'excuser (vp)	**sich entschuldigen**	[zɪç ɛnt'ʃʊldɪgən]
signer (vt)	**unterschreiben** (vt)	[ˌʊntɐ'ʃʀaɪbən]
sourire (vi)	**lächeln** (vi)	['lɛçəln]
supprimer (vt)	**löschen** (vt)	['lœʃən]
tirer (vi)	**schießen** (vi)	['ʃi:sən]
tomber (vi)	**fallen** (vi)	['falən]
tourner (~ à gauche)	**abbiegen** (vi)	['apˌbi:gən]
traduire (vt)	**übersetzen** (vt)	[ˌy:bɐ'zɛtsən]
travailler (vi)	**arbeiten** (vi)	['aʀbaɪtən]
tromper (vt)	**täuschen** (vt)	['tɔɪʃən]
trouver (vt)	**finden** (vt)	['fɪndən]
tuer (vt)	**ermorden** (vt)	[ɛɐ'mɔʀdən]
vendre (vt)	**verkaufen** (vt)	[fɛɐ'kaʊfən]
venir (vi)	**ankommen** (vi)	['anˌkɔmən]
vérifier (vt)	**prüfen** (vt)	['pʀy:fən]
voir (vt)	**sehen** (vi, vt)	['ze:ən]
voler (avion, oiseau)	**fliegen** (vi)	['fli:gən]
voler (qch à qn)	**stehlen** (vt)	['ʃte:lən]
vouloir (vt)	**wollen** (vt)	['vɔlən]